LEÃO XIV

A Boa-Nova e as coisas novas

João Décio Passos
Francisco de Aquino Júnior
(Orgs.)

LEÃO XIV

A Boa-Nova e as coisas novas

Paulinas

Dados Internacionais de Catalogação na Publicação (CIP)
Angélica Ilacqua CRB-8/7057

Leão XIV : a Boa-Nova e as coisas novas / organizado por João Décio Passos, Francisco de Aquino Júnior. – São Paulo : Paulinas : 2025.
200 p.

Bibliografia
ISBN 978-65-5808-357-3

1. Papado – História 2. Leão XIV, Papa, 1955 – I. Passos, João Décio II. Aquino Júnior, Francisco de

25-1462   CDD 262.13

Índice para catálogo sistemático:
1. Papado – História

1ª edição – 2025

Direção-geral: *Ágda França*
Editor responsável: *João Décio Passos*
Coordenação de revisão: *Marina Mendonça*
Revisão: *Equipe Paulinas*
Gerente de produção: *Felício Calegaro Neto*
Produção de arte: *Elaine Alves*
Imagens: *As fotos foram extraídas de diversas fontes: Vatican Media, TG1, National Catholic Register, Jalisco Notícias, ABS-CBN-News, MyTvCebu, Jornal O São Paulo (Luciney Martins), Wikipedia, Instagram, Facebook, X. Todos os direitos reservados.*

Nenhuma parte desta obra poderá ser reproduzida ou transmitida por qualquer forma e/ou quaisquer meios (eletrônico ou mecânico, incluindo fotocópia e gravação) ou arquivada em qualquer sistema de banco de dados sem permissão escrita da Editora. Direitos reservados.

Cadastre-se e receba nossas informações
paulinas.com.br
Telemarketing e SAC: 0800-7010381

Paulinas
Rua Dona Inácia Uchoa, 62
04110-020 – São Paulo – SP (Brasil)
📞 (11) 2125-3500
✉ editora@paulinas.com.br
© Pia Sociedade Filhas de São Paulo – São Paulo, 2025

SUMÁRIO

Um Papa Leão para hoje.. 7
Dom Joaquim Giovani Mol Guimarães

Introdução 13

Prólogos – O menino, o religioso e o bispo

1 – De Bob a Leo: a graça de Deus passa por Chiclayo 21
Fernando Altemeyer

2 – Um homem e um pastor conciliar e conciliador:
testemunhos de um confrade 30
Luiz Augusto de Mattos

Diálogos I – O legado do Papa Francisco

3 – Francisco e uma nova imagem de Papa............................ 41
Tiago Cosmo da Silva Dias

4 – Uma Igreja em reforma permanente................................ 55
Maria Clara Bingemer

5 – As contribuições do magistério social............................. 65
Rosana Manzini

6 – A Igreja inclusiva: conversão e amor............................... 75
Leomar Nascimento de Jesus

7 – Desafios para uma Igreja sinodal................................... 87
Agenor Brighenti

Diálogos II – Os clamores das coisas novas

8 – Esperança em tempos de colapso 105
Dario Bossi
Luiz Marques
Moema Miranda

9 – Os desafios do papado num mundo em transformação........ 120
Reginaldo Nasser
Augusto Rinaldi

10 – As coisas novas da era digital 133
Ricardo Hida

11 – Os desafios econômicos para este tempo do mundo........... 148
Eduardo Brasileiro

12 – O pluralismo sociocultural e o diálogo inter-religioso........167
Claudio de Oliveira Ribeiro

Epílogo – O Papa Leão XIV

13 – De Francisco a Leão XIV 183
Francisco de Aquino Júnior

Autores e autoras 199

UM PAPA LEÃO PARA HOJE

Não faz muito tempo, muitas pessoas espalhadas pelo mundo colocaram-se em conexão com uma das mais primitivas formas de comunicação, uma chaminé, que cumpriu a sua tarefa comunicacional de soltar fumaça escura e depois clara, sob um código compreendido por todos: "Fumaça escura, não temos papa, aguardem"; "Fumaça clara, temos papa, celebrem". Um pouco mais de tempo e o novo papa se apresenta ao mundo através de uma janela, a janela de comunicação da identidade do papa: quem é ele, de que lugar no mundo ele vem, que nome adotará para que o povo faça uma primeira hermenêutica ou simplesmente intua algo do seu projeto de vida como papa e do seu programa de governo da Igreja; o que fez até aqui e o que fará doravante.

Os cardeais escolheram Robert Francys Prevost, que escolheu ser Leão XIV. Foi uma escolha resultante de acordos e convergências alcançados nas congregações dos cardeais, antes dos escrutínios, em espírito de oração, sob muitas conversas e o olhar do Espírito. O mesmo Espírito Santo que vem iluminar o escolhido para o serviço petrino. Ele é um agostiniano que o Papa Francisco fez bispo, em 2015, e cardeal, em 2023; nesse mesmo ano, Francisco o também fez presidente do Dicastério para os Bispos; e, em 8 de maio de 2025, foi eleito papa pelos cardeais. Apenas dez anos foram suficientes para que sobre ele recaísse a escolha para ser o servidor, sucessor de São Pedro, depois do pontificado extraordinário de Papa Francisco.

O que falamos sobre o Papa Leão é fruto de reflexão sobre a observação feita, mas é fruto também do que desejamos que ele seja. Agora estamos abertos ao que o Papa Leão XIV vai mostrando, tirando de seu interior para revelar-se e, sobretudo, revelar como ele vai ser líder de estimados 1 bilhão e 406 milhões de católicos no mundo, a serviço do Povo de Deus, como bispo de Roma e papa de toda a Igreja que, por sua vez, de modo peculiar, sob as fundamentadas ações de Papa Francisco, inspiradas no Concílio Vaticano II, tem buscado maior fidelidade a Jesus Cristo e ao Reino de Deus anunciado por ele, como o único elemento que pode ocupar o lugar central da própria Igreja, com suas instituições, e da vida de cada cristã e cristão. O Senhor seguirá iluminando-o e acolhendo as suas súplicas para os muitos e difíceis discernimentos a serem feitos.

Parece que nunca um papa sofreu tantas investidas de cooptação e capturas por grupos ideológicos dentro e fora da Igreja, de forma grotesca, ignóbil e eivada de interesses estranhos à vivência da fé cristã e aos valores do Evangelho. Algumas dessas ideologias são a expressão do que há de pior em grupos a serviço do poder econômico, político, cultural; do neoliberalismo, do fascismo e do conservadorismo. É preciso ser forte como quem é acostumado ao deserto.

Leão é papa, é pastor, antes de ser chefe de Estado, o que fará com que ele se aproxime das pessoas, especialmente dos pobres, de quem a Igreja é advogada (Bento XVI, no Documento de Aparecida); ele vai ver, escutar, tocar os pobres como quem toca a carne de Cristo (Francisco); vai ao encontro das culturas em sua multiformidade, fruto da engenhosidade do espírito humano, por meio de suas mãos, pés e de sua inteligência, para propor-lhes a cultura do encontro, da paz, da harmonia do Espírito, da não violência ativa, da fraternidade cristã, da solidariedade humana, da igual dignidade de todos.

Como papa, ele se colocará diante das montanhas de gelo que se derretem, das florestas em desmatamento pelo latifúndio e pela mineração, da destruição da biodiversidade que equilibra os ecossistemas, da crise climática, dos povos ribeirinhos, tradicionais, indígenas excluídos e maltratados, dos migrantes e refugiados, dos miseráveis e famintos, para colocar em prática o Ensino Social da Igreja, atualizado e renovado por *Laudato Si'*, *Laudato Deum*, *Fratelli Tutti*, *Querida Amazônia*.

Ao que tudo indica, o Papa Leão cuidará intensamente da espiritualidade, para que ela cumpra sua missão de umectar, com o orvalho do Evangelho, a vida pessoal e comunitária dos cristãos e cristãs, que por sua presença e testemunho no mundo hão de seguir adiante transformando a sociedade em lugar de vida para "todos, todos, todos"; será uma espiritualidade "encarnada", por causa da encarnação do Verbo; será uma espiritualidade "trinitária", por causa da "graça de nosso Senhor Jesus Cristo, do amor do Pai e da comunhão do Espírito Santo"; será uma espiritualidade que liberta a todos, porque "foi para a liberdade que Cristo nos libertou"; uma espiritualidade que educa a fé por meio de uma catequese hodierna que seja querigmática, mistagógica, bíblica, enraizada no chão vital das pessoas em seus territórios próprios; será uma espiritualidade "sacramental, profética e pastoral": de profundas celebrações marcadas pela Páscoa do Senhor e pela sobriedade; de grandes profecias marcadas pela defesa dos sofredores; de relevante ação pastoral que evangeliza e faz dos cristãos e cristãs autênticos discípulos de Jesus.

É por tudo isso que ele encontra uma cúria romana – e, por similaridade, as cúrias diocesanas – em processos de reforma, de modo que ela cumpra sua tarefa precípua de cooperar com a missão do papa, das conferências episcopais e dos bispos do mundo inteiro, representando suas Igrejas locais. É uma reforma exigente porque será efetiva, se houver processo de conversão no modo de organizar, de fazer e de ser dos seus membros. Toco na questão da reforma das cúrias porque elas têm a ver com algo mais amplo e importante: a sinodalidade.

O mais importante sínodo na história de todos os sínodos foi o que fez da sinodalidade um objeto de estudo, um tema eclesial refletido, uma experiência realizada. A Igreja "é" sinodal, por isso deve "praticar" sinodalidade como uma das suas principais características eclesiais, pois a Igreja é *ecclesia*, assembleia de gente em comunhão, de forma decisivamente participativa e voltada, toda ela, para a missão de evangelizar, para que todos façam parte do Reino de Deus. As várias conclusões aprovadas no sínodo estão registradas no "Documento Final"; além disso, já está aprovado também, como grande inspiração, um processo de implementação das conclusões que requer uma espécie de "medidores" da sinodalidade em cada Igreja local, Conferência Episcopal e unidades eclesiais, como paróquias, escolas, cúrias. Definir a sinodalidade para colocar toda a Igreja em andamento, em uma dinâmica missionária, melhorando as relações, processos e vínculos, é o ponto alto do pontificado do Papa Francisco, mesmo com várias resistências de grupos conservadores e até fundamentalistas. Implementar a sinodalidade vai dar à Igreja uma nova feição e, mais do que isso, vai reanimá-la, conforme os tempos de hoje, à sua principal e mais bela saída nos últimos séculos: a saída para as periferias existenciais, sociais, geográficas e ambientais, todos juntos, mirando o Reino. Essa poderá ser uma das grandes conquistas do futuro legado de Leão XIV, o papa que assumiu, ao adotar esse nome, surpreendentemente, a sequência dos papas Leões, justamente depois de Leão XIII, o papa do início da elaboração da Doutrina Social da Igreja, graças à sua percepção aguda do que acontecia no mundo do trabalho, com os trabalhadores, à luz da Bíblia. Um Leão XIV não se explica sem o Leão XIII. É tempo de Doutrina Social da Igreja! É tempo de colocar em prática a Doutrina Social da Igreja!

Este livro, *Leão XIV: a Boa-Nova e as coisas novas*, neste momento de transição do governo da Igreja, em pleno processo de reforma de vários de seus ensinamentos e práticas eclesiais, apresenta dois bons blocos de "diálogo": um que apresenta de forma sucinta a herança de Francisco em tempos de Leão; e outro que apresenta, a Leão, grandes clamores da realidade no mundo atual.

Toda a capacidade de diálogo que o Papa Leão XIV demonstra possuir, associada à sua característica conciliadora, não parece ser para localizar a Igreja em meio-termo, sem posicionar-se profética e claramente diante dos contrastes e contradições humanas e ecológicas, ao lado dos sofredores, injustiçados, excluídos da dignidade; tampouco parece que sua habilidade em pregar significativamente sobre a paz desarmada e desarmante, sobre a unidade em um mundo fraturado e em uma Igreja dividida, deverá servir para gerar uma paz irênica ou uma unidade disfarçada. Tanto o compromisso com a paz quanto com a unidade serão compromissos de transformações profundas no mundo e na Igreja.

Dom Joaquim Giovani Mol Guimarães
Bispo coadjutor de Santos, SP

INTRODUÇÃO

A fumaça branca elevou-se da chaminé mais conhecida do planeta às 13h08 do dia 8 de maio. Fora aguardada com ansiedade por católicos e não católicos de todo o mundo. Houve muitas apostas pelo mundo afora sobre quem apareceria na sacada após o anúncio do Cardeal Dominique Mamberti: *Habemus Papam!* O clima de euforia sempre acompanha os expectadores amontoados na Praça de São Pedro e dos tele expectadores espalhados pelo planeta, hoje sem limites de conexão. A era do Papa Francisco reconfigurara a imagem do Papa, mesmo sem reformar formalmente o papado. Quem seria e como apareceria o novo Papa? Para os católicos, independente da pessoa e da imagem, é sempre o sucessor de Pedro. O aplauso é para essa figura central da Igreja e não para o cardeal preferido ou aguardado. Para todos, de modo profissional para as mídias, a primeira imagem e os primeiro gestos já eram fundamentais, pois poderiam indicar o perfil do novo Bispo de Roma.

O conclave que elegeu o Cardeal Robert Francis Prevost para Bispo de Roma já dispunha de um perfil do candidato previamente construído durante as Congregações. Entre as variáveis que conduziram as reflexões, o perfil de Francisco ou o perfil de Papa por ele desenhado estivera presente de modo consciente ou não. Não havia como dispensar a imagem forte de um Papa marcado pela simplicidade, que na era da conexão global consolidara um novo imaginário para todo o planeta. Mais do que nunca se tratava de um Papa aguardado, mas também vigiado em seus gestos e posturas. Seria semelhante a Francisco? Por certo, o espectro franciscano habitará nosso imaginário sobre o Papa e o papado por longa data, dado positivo ou negativo, a depender da perspectiva de fé ou mesmo política de cada pessoa. O fato inegável é que Francisco levou ao mundo uma imagem própria de Papa por meio de seus gestos, posicionamentos e palavras.

Essa imagem consolidada não será apagada nem por decreto nem por uma imagem nova que pretenda sobrepor-se a ela. Pela lógica do contraste, quanto mais contraposta for a nova imagem, mais nítida permanecerá a imagem anterior. O parâmetro comparativo entre o Papa anterior e o atual é sempre inevitável. E para os católicos não se trata tão somente de uma questão imagética cara aos semiólogos, mas de uma questão de fé: o modo como o sucessor de Pedro se apresenta como chefe do colégio apostólico. No fundo foi estabelecida por Francisco a função do serviço anterior e acima de qualquer exercício de poder: o Papa como servo dos servos. O novo Papa nasceu nessa conjuntura e se mostrou original, a começar pelo nome adotado. Não constava na lista dos papáveis divulgada pelas mídias. A surpresa marcou o primeiro momento e ainda acompanha cada gesto e palavra. Leão XIV está em construção e será antes de tudo amado em seu quase certo longo pontificado.

Na verdade, a imagem do Papa foi sendo reconstruída no decorrer da história. O Papa Pio V escolheu a batina branca inspirada no hábito dominicano de sua ordem. A vestimenta branca terminou por identificar-se com a própria imagem do Papa. Também a função política do Papa foi totalmente reconfigurada depois da perda dos Estados Pontifícios no século XIX. A teologia do papado foi recolocada a partir do princípio da colegialidade definida pelo Vaticano II. Francisco colocou esse princípio em prática de modo coerente e insistiu na ideia do serviço e do diálogo do Bispo de Roma com outras lideranças cristãs e religiosas. O Papa deixou de ser aquele que ensina sozinho fazendo uso de seu magistério supremo, mas ensina escutando e dialogando com outros sujeitos, de modo especial com outros líderes religiosos.

A primeira aparição de um Papa pode, de fato, ser reveladora de seu futuro perfil, embora não seja determinante. A personalidade papal é sempre uma construção, como qualquer personalidade institucional e pública. Ela não nasce pronta, mas vai sendo construída a partir de elementos da personalidade individual e da personalidade episcopal já consolidadas. Por certo, a missão projetada pelos cardeais durante a congregação exerce uma função performativa na nova personalidade. Trata-se da clássica questão do papel social a ser desempenhado, o que exige, em muitos casos, uma autêntica conversão do personagem anterior para o novo personagem investido de novas funções e missões. O nome do Papa é nesse sentido também revelador: tem um significado que vai além de uma mera homenagem a um santo ou a um Papa anterior por designar de forma direta ou indireta uma programática de governo. O nome Leão XIV foi desde o início revelador da postura de diálogo da Igreja com a sociedade presente. A Igreja não existe para si mesma, mas para ser sinal do Reino de Deus na história, para servir como o mestre serviu. As coisas novas do século XIX foram interpretadas como um desafio para a missão da Igreja, de modo particular para os leigos. O Papa Leão XIV não voltará ao século XIX, mas às coisas novas que demarcam a era atual com todas as suas contradições. O líder máximo da Igreja Católica não ocupa uma função autocentrada no corpo eclesial e na organização institucional, mas uma missão de colocar a Igreja em sintonia e empatia com a realidade presente.

Os traços da personalidade papal estão ainda vinculados a um determinado contexto socioeclesial que pode ser de defensiva da Igreja perante as pressões políticas e culturais, de superação de crises morais ou políticas internas, de busca de definições doutrinais ou de implementos de decisões conciliares. A barca de Pedro navega por mares mais calmos ou mais revoltos, mais rasos ou profundos, e seu condutor adapta-se às condições presentes. O próprio pescador da Galileia teve de adaptar-se na missão petrina delegada por Jesus, sem contar com receitas deixadas pelo Mestre; teve de rever suas posturas judaicas tradicionais e abraçar novas posturas no contexto cultural helênico. Da Galileia a Roma, passando por Antioquia, foi refazendo-se em sua missão e em sua própria personalidade em meio a dúvidas, conflitos e diálogos. Com seus sucessores não foi diferente. O papado foi evoluindo no decorrer da história e assumindo modelos distintos em função dos contextos em que se situava. Nada mais distante da história que a ideia fixa de um único modelo de papado.

Os Papas pós-Vaticano II foram feitos e se fizeram, sobretudo como protagonistas do *aggiornamento* conciliar, postura que poderia ser tipificada em três direções: de implantação das decisões (Paulo VI), de avaliação e readequação das reformas (João Paulo II e Bento XVI) e de retomada e conclusão das reformas (Francisco). A tensão entre renovação e preservação acompanhou todos eles, de alguma maneira. Tensão e renovação são dois lados da mesma moeda. No processo de renovação de uma instituição tradicional milenar como a Igreja Católica, torna-se inevitável a luta hermenêutica entre preservação e mudança. O Papa atual não está nem fora nem acima desse processo que confronta permanentemente passado e presente, tradição a atualização.

O parto de uma Igreja moderna capaz de assimilar de modo efetivo a cosmovisão de fundo dessa era pós-medieval ainda se encontra em pleno trabalho e sem conclusão. A genética antiga/medieval católica ainda subsiste no imaginário religioso, no sistema de pensamento, na organização institucional, na norma disciplinar etc. A era moderna foi reestruturando o pensamento e a práxis das sociedades, a partir do epicentro europeu, superando a velha cristandade. As intuições do Vaticano II lançaram a Igreja para a postura de revisão de si mesma em diálogo com a sociedade moderna numa circularidade ao mesmo tempo crítica e criativa. Os três movimentos citados situam-se na dinâmica mais ampla de resposta e ressignificação da Igreja Católica no contexto dos avanços e contradições dos tempos modernos. Contudo, as crises globais sacodem a vida e a convivência humana planetária, colocando em evidência os limites dos domínios tecnocráticos sobre os recursos naturais e sobre os ecossistemas e os arranjos políticos da convivência mundial, negando os clássicos consensos humanitários (éticos e políticos). A volta a modelos do passado – modelos políticos e religiosos – avança como estratégia necessária e natural capaz de recuperar a estabilidade perdida fora e dentro da Igreja. As revoluções modernas teriam desestruturado de tal modo as sociedades ocidentais que somente um retorno aos fundamentos pré-modernos poderia salvá-las da ruína final. O novo Papa chega neste momento histórico de afirmação de visões e soluções tradicionalistas que negam qualquer postura renovadora da Igreja como intrinsecamente maléfica: relativista, heterodoxa ou herética.

A Igreja é a parcela da sociedade que busca os modos coerentes de seguir o Mestre Jesus Cristo. Não se encontra nem fora nem reduzida aos contextos históricos, mas em permanente discernimento e diálogo. O Vaticano II praticou e formulou esse modo de ser da Igreja como sacramento da salvação, como servidora da humanidade, de modo particular dos pobres e como dialogante com as realidades presentes. Compete a todo o povo de Deus discernir os sinais dos tempos, ensina o Concílio.

No contexto das contradições e apelos do mundo atual e da era do *aggiornamento* conciliar é que chega o novo sucessor de Pedro, o sexto desta era. O legado de seu antecessor encontra-se ainda em seu frescor original, como um passo dado na concretização das intuições e decisões conciliares. A Igreja que serve e dialoga a partir do coração do Evangelho jamais se conclui: *semper reformanda*. Sua fonte viva a renova em cada tempo e lugar.

As reflexões desta coletânea estão alocadas nestas dinâmicas dialogais: de escuta, de interpretação e de fala de todo o povo de Deus, dos pastores e de modo axial do Bispo de Roma. O primeiro é o movimento de renovação da Igreja que conecta Francisco com o Vaticano II e o segundo são os apelos da realidade atual. Entre a Igreja e o mundo, o Papa exerce seu ministério como pastor supremo dos católicos, como líder religioso que dialoga e como líder que ilumina os caminhos da humanidade. As reflexões oferecidas pelos diversos autores expõem alguns aspectos desses dois movimentos na estrutura que segue.

Os *Prólogos*, dedicados ao perfil de Robert Francis Prevost, são seguidos de reflexões estruturadas em dos dois eixos (*Diálogos I e II*) que focam, respectivamente, as pautas da renovação eclesial colocadas por Francisco nas trilhas do *aggiornamento* conciliar e os apelos urgentes da vida e da convivência planetária. O diálogo interno na Igreja com a longa e a recente tradição demarca a missão imediata de todo Papa. Leão XIV recebe o legado de Francisco como contexto imediato, último passo dado na longa tradição católica. O diálogo crítico e criativo com a realidade presente desafia e fecunda os ensinamentos papais no caudal da Doutrina Social da Igreja. A história pessoal e a pastoral do religioso e bispo Robert Francis Prevost são reveladoras desses diálogos e indicadoras de seu próprio exercício no ministério petrino.

O *Epílogo* dedica-se ao Papa, sempre a última palavra na doutrina católica, mas, antes, palavra do primeiro entre os pares; palavra tecida na comunhão que nasce da escuta e do diálogo com os iguais--diferentes. É a última palavra tecida na colegialidade episcopal, na sinodalidade eclesial e na multilateralidade da convivência global.

As coisas novas que desconfiguram e reconfiguram o mundo atual clamam por líderes mundiais que possam discernir e indicar rumos para a humanidade, para os cristãos e para os católicos. A era do *aggiornamento* conciliar permanece em curso e coloca toda a Igreja na dinâmica sinodal. Bem-vindo, Leão XIV, nosso guia entre a Boa-Nova e as coisas novas!

PRÓLOGOS
O MENINO, O RELIGIOSO E O BISPO

Para vós, sou bispo; convosco, sou cristão.
Aquele é nome de ofício, este o da graça.

(Santo Agostinho)

1
DE BOB A LEO:
A GRAÇA DE DEUS
PASSA POR CHICLAYO

Fernando Altemeyer

Infância, ancestrais e estudos fundamentais

A história de cada ser humano está sempre marcada por suas raízes e suas migrações. Robert encarna em si mesmo a marca de um migrante permanente. Ele se assume como *homo viator* ("homem a caminho"). Ele nasce em Chicago, Illinois, EUA, em 14 de setembro de 1955, sendo o terceiro filho de um casal de norte-americanos. Seu pai, Louis Marius Prevost, foi veterano da Marinha na Segunda Guerra Mundial e atuou como superintendente escolar, tendo ascendência francesa e italiana. Recente pesquisa genealógica revelou que o avô paterno nascera em 24 de junho de 1876 em Milazzo, província de Messina, Itália, e recebera o nome de batismo de Salvatore Giovanni Gaetano Riggitano. Chegou a Nova York no navio a vapor Perugia em maio de 1903, sendo um dentre os 4 milhões de italianos – a maioria sicilianos como Riggitano – que emigraram para os EUA entre 1880 e 1915 na esperança de fugir da pobreza e das guerras internas. Riggitano acabaria adotando John como primeiro nome, anglicizando o que lhe fora dado ao nascer, e assume o sobrenome da esposa, Suzanne Prevost, como sendo seu. Era fluente em italiano, francês e espanhol. Irá morar em Chicago com a esposa e família. Um dos filhos de John, Louis Marius, irá casar-se com Mildred Agnes Martinez. A mãe de Robert, chamada familiarmente de Millie, tinha ascendência espanhola e negra. Formou-se em Ciências da Educação em 1947 e fez pós-graduada na Universidade DePaul, um caminho acadêmico incomum para mulheres da época. Esperou até os 30 anos, segundo os registros do Condado de Cook, para se casar com Louis Prevost, oito anos mais novo. Mildred era filha de Joseph Martinez e Louise Baquié, ambos imigrantes com origens haitianas e crioulas. Os pais de Mildred viveram no Seventh Ward, bairro historicamente negro de Nova Orleans, antes de se mudarem para o norte dos Estados Unidos, onde a identidade racial da família passou a ser registrada como branca. Os avós maternos de Robert se casaram em 1887, na Igreja Nossa Senhora do Sagrado Coração, em Nova Orleans. Sua mãe nasceu em 1912 e cresceu em Chicago com cinco irmãs (duas delas, aliás, se tornariam freiras, segundo o Chicago Tribune). Paroquianos da Santa Maria se lembram dela como uma das mulheres que mantinham a igreja viva e operante. Participou da Sociedade do Altar e do Rosário – tendo inclusive exercido o cargo de presidente – e encantava os fiéis com sua voz no coral. O terceiro filho será batizado na fé católica com o nome de Robert Francis Prevost Martinez, tendo dois irmãos mais velhos: Louis Martín Prevost Martinez e John Joseph Prevost Martinez. A infância e a adolescência do pequeno Bob foram marcadas pela fé católica profunda e fiel. Chicago tem larga tradição católica, pois era destino de dezenas de imigrantes católicos, europeus e afro-americanos. Esses imigrantes estabeleceram comunidades católicas, construindo igrejas e instituições religiosas que se tornaram símbolos da cidade. Há mesmo santos que ali atuaram na história recente, como Madre Cabrini e Santa Maria dos Anjos. Estudou no Seminário Menor dos padres agostinianos até o ano de 1973. Entra na Villanova University, na Pensilvânia, onde se gradua em 1977 como bacharel em Matemática e Filosofia. Em 1º de setembro de 1977, irá ingressar no noviciado da quase milenar *Ordo Eremitarum Sancti Augustini* ("Ordem de Santo Agostinho", OSA) em St. Louis, na Província de Nossa Senhora do Bom Conselho, em Chicago, fazendo a primeira profissão religiosa em 2 de setembro de 1978. Em 29 de agosto de 1981, emitiu os seus votos solenes como frade agostiniano. Em 1982, obteve o título de mestre em Divindade pela Catholic Union Theological, em Chicago. Ao completar 27 anos, no ano de 1982, foi enviado por seus superiores da ordem religiosa para Roma com o objetivo específico de qualificar-se teoricamente em direito canônico na Pontifícia Universidade de Santo Tomás de Aquino, conhecida como Angelicum. Em Roma, foi ordenado sacerdote em 19 de junho de 1982, no Colégio Agostiniano de Santa Mônica, pelo bispo belga Dom Jean Jadot, Pró-Presidente do Pontifício Conselho para os Não Cristãos, hoje Dicastério para o Diálogo Inter-Religioso. Obteve a licenciatura e o doutorado em direito canônico pela Pontifícia Universidade de Santo Tomás de Aquino em Roma em 1984 e 1987, respectivamente.

Missão como frade agostiniano no Peru

Em 1985, enquanto preparava sua tese de doutorado, foi enviado para a missão agostiniana em Chulucanas, na região de Piura, Peru. No ano seguinte, ingressou na missão de Trujillo, no Peru, como diretor do projeto de formação comum para os aspirantes agostinianos dos vicariatos de Chulucanas, Iquitos e Apurímac. Durante onze anos, ocupou os cargos de prior da comunidade (1988-1992), diretor de formação (1988-1998) e formador dos professos (1992-1998) e na Arquidiocese de Trujillo foi vigário judicial (1989-1998), bem como professor de direito canônico, patrística e moral no Seminário Maior "São Carlos e São Marcelo". Ao mesmo tempo, foi-lhe confiado o cuidado pastoral de Nossa Senhora Mãe da Igreja, mais tarde erigida como paróquia com o título de Santa Rita (1988-1999), na periferia pobre da cidade, sendo administrador paroquial de Nossa Senhora de Monserrat de 1992 a 1999. Em 1987 defendeu sua tese de doutorado sobre "O papel do prior local da Ordem de Santo Agostinho". Em 1989 foi nomeado diretor de vocações e diretor de missões da província agostiniana "Mãe do Bom Conselho" em Olympia Fields, no estado de Illinois, EUA, que abrange o meio-oeste dos EUA.

Encargos como frade agostiniano

Eleito em 1999 prior provincial da província agostiniana "Mãe do Bom Conselho" de Chicago, dois anos e meio depois, no Capítulo Geral Ordinário da Ordem de Santo Agostinho, foi escolhido para ser o Prior-Geral, sendo confirmado em 2007 para um segundo mandato de seis anos na sede, em Roma. Foi Superior-Geral dos Agostinianos de 14 de setembro de 2001 até 4 de setembro de 2013, sendo o Prior-Geral de 427 casas religiosas em 45 países distintos, 2.616 consagrados e 1.852 presbíteros. Em outubro de 2013, retornou à sua província agostiniana, em Chicago, assumindo a função de diretor de formação no Convento de Santo Agostinho, com o encargo de primeiro conselheiro e vigário provincial. Passou de 1987 a 1988 e de 1998 a 2001 nos Estados Unidos, radicado em Chicago, sua cidade natal, trabalhando na Ordem Agostiniana. Prevost sempre se reconheceu em toda a sua vida como um filho de Agostinho. Isso significa confiar na graça infinita de Deus e ampliar a sinodalidade na Igreja por uma profunda experiência espiritual de santidade e amor aos pequeninos. Viver Deus, professar Deus, crer n'Ele e deixar-se tocar pelo amor. Assim lemos nas *Confissões* de Santo Agostinho, livro X, 6:

Mas que amo eu quando te amo? Não uma beleza corporal ou uma graça transitória, nem o esplendor da luz, tão cara a meus olhos, nem as doces melodias de variadas cantilenas, nem o suave odor das flores, dos unguentos, dos aromas, nem o maná ou o mel, nem os membros tão suscetíveis às carícias carnais. Nada disso eu amo, quando amo o meu Deus. E, contudo, amo a luz, a voz, o perfume, o alimento e o abraço, quando amo o meu Deus: a luz, a voz, o odor, o alimento, o abraço do homem interior que habita em mim, onde para a minha alma brilha uma luz que nenhum espaço contém, onde ressoa uma voz que o tempo não destrói, de onde exala um perfume que o vento não dissipa, onde se saboreia uma comida que o apetite não diminui, onde se estabelece um contato que a sociedade não desfaz. Eis o que amo quando amo o meu Deus.

Eis o coração ardente de Frei Robert.

Missão como bispo de Chiclayo, Peru

Ingressou na missão agostiniana no Peru em 1985 e serviu como chanceler da Prelatura Territorial de Chulucanas de 1985 a 1986, passando os dez anos seguintes à frente do seminário agostiniano de Trujillo e ensinando direito canônico no seminário diocesano, onde também foi prefeito de estudos. Foi juiz do tribunal eclesiástico regional e membro do Colégio de Consultores de Trujillo. Ele também liderou uma comunidade na periferia da cidade. Indicado ao episcopado pelo Papa Francisco em 3 de novembro de 2014, para ser o bispo titular de Sufar, foi consagrado em 12 de dezembro de 2014, assumindo o encargo pastoral de administrador apostólico e, em seguida, de bispo de Chiclayo, Peru. Essa circunscrição católica peruana envolve 1,1 milhão de batizados católicos, acompanhados por 110 presbíteros. 22 religiosos ou irmãos consagrados, 158 religiosas consagradas articulados em cinquenta paróquias. Foi o então núncio apostólico do Peru, Dom James Patrick Green, quem impôs as mãos para sua sagração episcopal, na festa de Nossa Senhora de

Guadalupe, em 12 de dezembro, contando com dois coconsagrantes: o bispo emérito de Chiclayo, Jesús Moliné Labarte, e o arcebispo de Ayacucho o Huamanga, Salvador Piñeiro García-Calderón. A celebração aconteceu na Catedral de Santa Maria. Ele assumiu como lema episcopal *In Illo Uno unum*, que advém das palavras de Santo Agostinho pronunciadas em um sermão, a Exposição sobre o Salmo 127, para explicar que, "embora nós cristãos sejamos muitos, no único Cristo somos um". Ele irá se tornar em 26 de setembro de 2015 bispo diocesano de Chiclayo. Em março de 2018, foi eleito segundo vice-presidente da Conferência Episcopal Peruana, na qual também foi membro do Conselho Econômico e presidente da Comissão de Cultura e Educação. Esteve no Conselho Permanente do Episcopado Peruano para o mandato de 2018 a 2020. Foi membro da liderança da *Caritas* Peru. Em 2019, por decisão de Francisco, foi incluído entre os membros da Congregação para o Clero em 13 de julho de 2019 e, no ano seguinte, entre os membros da Congregação para os Bispos (21 de novembro). Nesse meio-tempo, em 15 de abril de 2020, recebe a nomeação pontifícia também como administrador apostólico da diocese peruana de Callao. Trabalhou no Peru de 1985 a 1986 e de 1988 a 1998 como pároco, funcionário diocesano, professor de seminário e administrador. O Bispo Prevost será profundamente marcado pela fé do povo peruano, em particular pelos santos primordiais das Américas: Santa Rosa de Lima, São Martinho de Porres, São Francisco Solano, Santa Narcisa de Jesus e, sobretudo, São Turíbio de Mongrovejo. "El padre Roberto" amou profundamente o povo nortenho, bem como as festas, a fé profunda e os ricos alimentos dos camponeses: arroz, batata, milho, cana-de-açúcar, banana e mandioca. A região é conhecida por sua produção de algodão e, em áreas irrigadas, de cana-de-açúcar e chamada de cidade da amizade e capital da região de Lambayeque. Festivais como a Festa da Cruz, que celebra a devoção católica, e a festa de San Lorenzo, um santo popular na região, demonstram as interseções entre fé e cultura local. Prevost sempre pediu no café da manhã nas ruas peruanas o tradicional "frito chiclayano" acompanhado de suco de mamão.

Prefeito de dicastério romano

Irá resignar o cargo de bispo da Igreja peruana em 30 de janeiro de 2023, quando foi nomeado como arcebispo pelo Papa Francisco para ser o novo Prefeito do Dicastério para os Bispos. Foi também Presidente da Comissão Pontifícia para a América Latina, indicado em 30 de janeiro de 2023, tomando posse em 12 de abril de 2023. Fala com fluência inglês, italiano e espanhol. É presbítero há quarenta e um anos. Bispo há oito anos e meio. O escritório para os bispos é responsável por avaliar e recomendar candidatos para o episcopado em todo o mundo. Prevost tomou posse em 28 de janeiro de 2024 e, como chefe do dicastério, participou das últimas viagens apostólicas do Papa Francisco e da primeira e da segunda sessão da XVI Assembleia Geral Ordinária do Sínodo dos Bispos sobre a Sinodalidade, realizadas em Roma de 4 a 29 de outubro de 2023 e de 2 a 27 de outubro de 2024, respectivamente. Sua experiência em assembleias sinodais foi adquirida como Prior dos Agostinianos e representante da União dos Superiores Gerais.

Cardeal da Igreja romana

Criado cardeal em 30 de setembro de 2023, no décimo consistório do Papa argentino, recebeu o barrete vermelho e a diaconia de Santa Monica degli Agostiniani. Foi o 59º cardeal estadunidense em toda a história do colégio cardinalício. A história nos mostra que o primeiro estadunidense criado cardeal fora o Bispo John McCloskey, nascido em 10 de março de 1810 e falecido em 10 de outubro de 1885, então arcebispo de Nova York, criado pelo Papa Pio IX em 15 de março de 1875. Prevost será o 18º cardeal da Ordem de

Santo Agostinho. Em 4 de outubro de 2023, o Papa Francisco o incluiu entre os membros dos Dicastérios para a Evangelização, Seção para a Primeira Evangelização e as Novas Igrejas Particulares; para a Doutrina da Fé; para as Igrejas Orientais; para o Clero; para os Institutos de Vida Consagrada e as Sociedades de Vida Apostólica; para a Cultura e a Educação; para os Textos Legislativos; da Pontifícia Comissão para o Estado da Cidade do Vaticano. Finalmente, em 6 de fevereiro de 2025, foi promovido à ordem dos bispos pelo Pontífice argentino, obtendo o título de Igreja Suburbicária de Albano. Sempre foi claro defensor dos migrantes e refugiados em todos os continentes. Prevost criticou o aborto, os contraceptivos e a pena de morte, além das políticas xenofóbicas do presidente dos Estados Unidos, Donald Trump, e do vice-presidente católico J. D. Vance. O Cardeal Prevost foi o consagrante dos seguintes arcebispos e bispos: Dom Edinson Edgardo Farfán Córdova, OSA (2020); Dom Francisco Castro Lalupú (2020); Dom Lizardo Estrada Herrera, OSA (2021); e Dom Miguel Ángel Cadenas Cardo, OSA (2021).

Esticando horizontes movido pela graça de Deus

Robert é esse homem-ponte que une povos de dois hemisférios e de duas culturas: nasce nos EUA e vive amorosamente sua missão eclesial por duas décadas no Peru. Assumidamente filho de migrantes, sendo multicultural e poliglota, decide ser ele mesmo um missionário-migrante, como foi seu pai espiritual da ordem, o peregrino pensador, filósofo e teólogo Santo Agostinho, nascido em Tagaste, estudante em Madaura, Cartago e convertido em Milão, por influência de Ambrósio, sendo nomeado bispo de Hipona. Há grande similitude entre Robert Prevost e Santo Agostinho, ambos marcados pela graça infinita de Deus que encontra o coração inquieto que a busca. Robert terá em sua mãe, Mildred, um modelo de vida santa, e Santo Agostinho o teve em sua amada mãe, Santa Mônica. Agostinho começa por buscas teóricas e termina entregue ao amor infinito de Deus. Robert começa pelos estudos na matemática e entrega seu coração aquecido ao amado povo peruano de Chiclayo, onde Robert pode tocar e ser tocado pela graça divina encarnada nas pessoas, na cultura, na religião popular e nas comunidades de fé. Prevost assume ser bispo-peregrino na Igreja toda ela peregrina (*peregrinus episcopus in ecclesia peregrina*). O pequenino Bob se tornou Leo, com o coração em chamas. Movido pelo amor, convida todos e todas para a unidade plural. Somos convidados pelo Bispo de Roma a viver a Igreja peregrina na história viva e provisória na qual se manifesta a presença da graça amorosa de Deus. Fora do amor, não há salvação! Amor que emerge da aldeia de Nazaré ou da província de Chiclayo. Essa é a beleza antiga e nova, escondida no mais íntimo de nossos corações.

2
UM HOMEM E UM PASTOR CONCILIAR E CONCILIADOR: TESTEMUNHOS DE UM CONFRADE

Luiz Augusto de Mattos

Como religioso da Ordem de Santo Agostinho (OSA), pude conhecer o Padre Frei Robert Francis Prevost, fato que me ajuda, sem muita pretensão e com muito carinho e apreço, a explicitar a visão que tenho dele como ser humano, religioso e pastor. Por isso, num primeiro momento, comentarei alguns fatos que me levaram a conhecê-lo como pessoa; depois como o vejo como pastor e teólogo da Igreja. Parte das informações contam também com testemunhos de pessoas (padres, religiosos e leigos) que trabalharam com ele como bispo na diocese de Chiclayo, no Peru.

A pessoa de Frei Robert Francis Prevost

A experiência de amizade e de conhecimento da pessoa do Frei Robert Prevost iniciou no ano de 1992. Ele era da equipe de formação no seminário dos agostinianos em Trujillo, Peru, e durante alguns anos vinha à Bragança Paulista, São Paulo, acompanhando formandos do Vicariato de Chulucana, ao qual ele pertencia juridicamente como agostiniano, para a experiência do noviciado, tempo de preparação para os novos membros que farão parte de uma ordem ou congregação religiosa. Nos primeiros anos da década de 1990, eu era responsável por acompanhar os noviços no processo de discernimento vocacional.

O noviciado estava organizado segundo uma visão de Igreja e de ordem religiosa à luz do Concílio Vaticano II e da caminhada da Igreja e da vida religiosa no continente latino-americano. Para isso, estudavam-se textos teológicos e eclesiais e pensava-se uma vida religiosa inserida e inculturada na experiência latino-americana. Inclusive, durante o ano de noviciado, os noviços passavam um mês de experiência missionária na Prelazia de São Félix do Araguaia, Mato Grosso – na época era bispo da Prelazia Dom Pedro Casaldáliga. Missão que consistia em assumir algumas práticas pastorais e ter momentos de formação com o bispo.

E, nessa experiência de ser responsável pelo noviciado, pude vivenciar momentos de conversas e de vida comunitária com o Padre Frei Robert Prevost. Ele era formado em direito canônico e em teologia moral. A partir dessas perspectivas diferentes, conversávamos sobre questões espinhosas. Ele sempre confiou e foi respeitoso com o trabalho desenvolvido no noviciado. Nunca ouvi por parte dele críticas, pelo contrário, animava-nos, confiava e apoiava. Sua presença com os frades da comunidade de Bragança Paulista e com os formandos era muito agradável; sempre discreto, era mais de ouvir do que de falar. Todos os anos que vinha acompanhando os formandos do Peru, passava alguns dias na comunidade agostiniana de Bragança Paulista. Também posso afirmar com convicção: se Frei Robert Prevost permitia que os formandos do seu vicariato viessem fazer o noviciado em Bragança Paulista, era porque ele acreditava no trabalho que os frades realizavam.

Um segundo fato importante para compreender a presença conciliadora, amiga e fraterna do Padre Frei Robert Prevost é este.

Coincidiu que, quando ele esteve como geral da OSA (2001-2013), eu estava como superior dos agostinianos no Brasil (2002-2010), no Vicariato Nossa Senhora da Consolação, com sede em Belo Horizonte, Minas Gerais. E, como geral, sempre respeitou e apoiou a nossa caminhada no que diz respeito ao modelo de formação inicial e permanente, o trabalho pastoral nas paróquias e missões, o compromisso com os colégios e as assessorias dos frades em vários organismos da Igreja. Diga-se de passagem, o nosso vicariato era visto por outras circunscrições agostinianas, na América Latina, como mais aberto a uma experiência inculturada e contextualizada quando se fala de prática formativa, pastoral e educativa. Os frades procuravam uma reflexão teológica em sintonia com o Concílio Vaticano II e com as Conferências de Medellín e Puebla, e com os teólogos da Teologia da Libertação (por exemplo, Juan Luis Segundo, Leonardo Boff, Jon Sobrino, Gustavo Gutierrez, José Comblin, Pablo Richard, Carlos Mesters, entre outros). Essa experiência foi marcante dos anos 1970 ao início dos anos 2020.

Também quando precisei da escuta e do diálogo como superior no vicariato, encontrei nele um ser humano compreensivo e respeitador do processo que vivíamos como vicariato. Aconteceu que os frades do vicariato sentiram dificuldades em seguir num processo de "fusão" dentro de um projeto de convergência para constituir uma única província no Brasil. É normal na vida religiosa se deparar com momentos de crise e conflitos – inclusive é a partir dessas experiências de acrisolamento que podem surgir oportunidades de mudanças importantes para a própria vida religiosa. E, diante da realidade que atravessávamos, fui a Roma, juntamente com dois conselheiros, conversar com o geral Frei Robert Prevost. Conversa que foi franca, aberta e respeitosa. O que contribuiu para que os frades seguissem revigorados e esperançosos na trilha que já realizavam. Tudo me levou a encontrar em Frei Robert Prevost um homem não autoritário, não impositor, mas humano e sábio. Mais uma coisa há que destacar: quando se dialogava e se faziam algumas opções ou delineamentos na ordem, ele sempre se mostrava muito determinado e firme. Ambiguidades e duplicidade não faziam parte da sua vida. Por fim, um terceiro fato. Coube-me ser Secretário da OALA (Organização Agostiniana Latino-Americana) no período 2002-2006, organização que tem como projeto animar e dinamizar a OSA no continente latino-americano e caribenho. Trabalho realizado no campo da formação, das paróquias, dos colégios e das missões – isso por meio de simpósios, assembleias e congressos. Sempre em comunhão, sintonia com o caminhar da Igreja no continente, sobretudo quanto à opção pelos pobres, à inculturação e à inserção na realidade. E Frei Prevost, como geral, sempre procurava estar presente nas assembleias e aproveitava para apoiar e encorajar o trabalho realizado. Não me lembro do Frei Prevost em momento algum ter criticado ou menosprezado o trabalho que a OALA buscava realizar. E, como secretário, sempre me senti à vontade e incentivado a trabalhar nessa missão.

Penso que essas experiências que tive com ele já demonstram, em parte, a personalidade de alguém respeitador, aberto ao diálogo e à escuta, jamais autoritário e rigoroso no trato com as pessoas. Sempre foi alguém que trabalhou pela comunhão e harmonia entre todos. A simplicidade (no modo de ser, viver e conviver) era visível, bem como o humor, o trabalho em equipe, o apreço à vida fraterna e comunitária, constantes na sua vida. Eu diria que ele sempre levou a sério o que diz a Regra de Santo Agostinho: "O motivo principal pelo qual vos reunistes em comunidade é este: viver na casa em perfeito acordo, não tendo *senão uma só alma e um só coração*, voltados para Deus" (*Regra de Santo Agostinho*, cap. I, 3). Essa vida comunitária era testemunhada, por exemplo, no tempo que foi formador. Fazia-se presente nos horários comunitários, nas recreações dos formandos e nos passeios comunitários. Aqui em Bragança Paulista, quando ocorriam encontros dos formandos, quando coincidiam com suas visitas, ele participava ajudando na cozinha e em outras necessidades. A disponibilidade no servir o acompanhava!

Não se pode esquecer seu lado religioso. Sua espiritualidade é alicerçada no seguimento de Jesus e na teologia de Santo Agostinho. Ser cristão é viver o amor ao próximo na experiência da fraternidade e da unidade. Ele vive o espírito de uma afirmação atribuída a Agostinho, que diz: "Na necessidade a unidade, na dúvida a liberdade e em tudo a caridade" (*in necessariis unitas, in dubiis libertas et in omnibus caritas*). Um homem assíduo aos momentos de oração e celebração da comunidade religiosa, como também muito zeloso pela fé do povo. E a dimensão religiosa era demonstrada não apenas na prédica, mas nas práticas pessoais e comunitárias.

Como pastor da Igreja

Os que trabalharam com ele em paróquias quando era pároco em Trujillo, ou em Chiclayo, onde foi bispo, dizem que sempre esteve sintonizado com o Concílio Vaticano II e com o itinerário da Igreja na América Latina. Por isso foi um pastor conciliar, vale dizer, renovador e moderado – nunca extremista, tampouco um adepto de polarizações no interior da Igreja. A preocupação com a unidade e a comunhão na Igreja era constante no seu modo de ser e agir.

Nas *questões sociais* e em algumas *modernas* (exemplo, o tema das redes sociais e da inteligência artificial), identifica-se muito com o Papa Francisco, e nas *questões doutrinais* é mais zeloso. Penso que ele será o "fiel da balança" ou o ponto de equilíbrio entre os vários setores da Igreja. Na Conferência Episcopal do Peru sempre se apresentava como mediador diante de alguma divergência no aspecto doutrinário ou temático. Como também não aceitava que alguém do episcopado fosse desobediente ao Papa Francisco. Nesse sentido, era bastante criterioso e firme. Sempre foi um pastor, como padre e bispo, que defendia e procurava promover a *unidade na Igreja*.

Nas questões sociais e ambientais acredito que ele terá *posição firme* contra tudo que desumaniza a vida e maltrata a natureza. Já como bispo em Chiclayo teve um trabalho com os migrantes, sobretudo com os que vinham da Venezuela. Como pastor, a opção pelos pobres e vulneráveis era uma vivência cotidiana e concreta – isso era testemunhado quando trabalhava na paróquia. Gostava de estar com o povo e "bebia" da cultura e da religiosidade popular.

Também manifestava uma preocupação pela formação dos leigos e leigas nas paróquias. Para ele, a formação deveria receber uma prioridade, preparando leigos e leigas para servirem a Igreja em vários ministérios.

Também sendo pastor *na* e *da* Igreja, sua prática pastoral e missionária era norteada por um pensamento teológico. A seguir apresentarei cinco traços de seu pensamento doutrinário e teológico quanto à Doutrina Social da Igreja, tendo como fonte o prólogo por ele escrito quando exercia as funções como Prefeito do Dicastério para os Bispos e Presidente da Pontifícia Comissão para América Latina (Robert F. Cardenal Prevost, Qué podemos aprender de una "Doctrina Social de la Iglesia Católica". In: LYDON McHUGH, John J. *La Doctrina Social de la Iglesia*: su historia y enseñanzas. Lima: Fondo Editorial UCT, 2024. p. 19-26):

a) Quanto à compreensão do termo "doutrina", afirma que a Doutrina Social da Igreja não pretende doutrinar as pessoas que buscam respostas na reflexão eclesial. E que o doutrinamento é imoral, porque não favorece o juízo crítico e atenta contra a liberdade sagrada do respeito à própria consciência – ainda que seja errada – e se fecha a novas reflexões, porque exclui o movimento, a mudança ou a evolução de ideias diante de novos problemas. E é a seriedade, o rigor e a serenidade o que devemos aprender de toda doutrina.

b) Com respeito à Igreja ser resposta às questões sociais, claramente afirma que não se pode cair no domínio das ideologias, tanto do marxismo como do liberalismo. Para ele, a ideologia, por mais perfeita que pareça, termina degenerando em uma utopia da qual o ser humano não sai ileso. Uma utopia que leva a lutar ou fazer o bem para conseguir que todos sejam iguais, ou conseguir o próprio benefício egoísta apesar de levar à morte do semelhante, sobretudo dos pobres. Também diz que as questões sociais, políticas e econômicas são no fundo questões morais e devem ser analisadas como questões morais – não podem ser analisadas pelo viés ideológico, porque a análise ideológica acaba sendo prejudicial, chegando a dizer que os que escolhem o caminho do marxismo ou do liberalismo para responder às questões sociais são livres para isso. Mas os que não estão satisfeitos com as respostas que esses sistemas apresentam podem buscar e conhecer a análise social da Igreja, a qual é uma luz para ver melhor e com mais amplitude as questões sociais. A Doutrina Social não é uma teologia dos problemas sociais, mas uma análise ética de acordo com a realidade concreta das questões sociais.

c) Quanto às questões sociais, deve-se saber analisá-las vertical e horizontalmente. Entre as questões sociais que se interpõem hoje, ele cita: a violência contra a mulher, o abuso contra os menores, o abuso de poder ou da consciência, a atenção aos divorciados e recasados, os membros da comunidade LGBT, a ecologia e o cuidado da casa comum, a proteção dos povos amazônicos. Para ele, esses temas exigem uma análise e uma resposta.

d) Ainda a respeito das questões sociais, afirma: o desafio é saber aproximar-se dos temas sociais e aprender que não é a teoria que faz a realidade, mas é a realidade que funda a teoria. A teoria é posterior à realidade e, como tal, representa uma resposta. A Doutrina Social da Igreja não pretende ser uma resposta universal, isso seria utópico; mas ser uma resposta que respeite a realidade e se aproxime de maneira adequada, a partir dos princípios e critérios mais saudáveis e oportunos.

e) A Doutrina Social da Igreja, segundo o Bispo Robert Prevost, não é para que os governos se dirijam a seus cidadãos com uma encíclica social, senão para que eles tenham uma aproximação dos problemas sociais como problemas morais e os analisem segundo os princípios morais. E a Igreja tem como motivação criar uma consciência moral, com critérios morais, com princípios éticos autênticos, respeitando o juízo crítico de cada indivíduo e a autonomia dos povos e seus governos. E a consciência cristã crítica, política e social deverá impulsionar o indivíduo em direção à construção do mundo que sonhamos. O mundo que sonha o pastor Robert Prevost, agora Papa Leão XIV, é um mundo em que a violência, o preconceito e a discriminação não reinam, e, sim, um mundo humanizado a partir da unidade na pluralidade, da concórdia, da fraternidade e da solidariedade no lugar do embate; a paz no lugar dos conflitos bélicos entre os povos e países. O mundo da paz é o mundo que deverá reinar na atual civilização mundial – e não um mundo a partir de uma ideologia ou um de paradigma que explora o ser humano e destrói a natureza.

Para o pastor Robert Prevost, ser Igreja, viver na Igreja e trabalhar na Igreja deve se dar no testemunho do ser fermento da unidade, da caridade, da comunhão e da concórdia, e jamais ser autoritário e dominador do outro. Nesse sentido, a Igreja deverá ser sinal de unidade e não de divisão!

Para terminar, o ministério do Papa Leão XIV deverá ser guiado por um trabalho pela unidade na Igreja, na qual todos se sentirão irmãos e irmãs. Jamais deveria reinar a desunião, o preconceito e a discriminação entre os membros da Igreja. Acredito que esses princípios deverão fazer parte do pontificado do atual Papa. Mas, a exemplo do que aconteceu com o Papa Francisco, também poderemos ser surpreendidos no sentido positivo de compromisso com uma Igreja aberta para resolver problemas *ad intra* e *ad extra*. Mas tenho uma certeza: o Papa Leão XIV fará muito bem à Igreja na atual conjuntura eclesial e mundial.

DIÁLOGOS I
O LEGADO DO PAPA FRANCISCO

A esse respeito, gostaria que hoje renovássemos
juntos a nossa plena adesão a este caminho,
que a Igreja universal percorre há décadas
na esteira do Concílio Vaticano II. O Papa
Francisco recordou e atualizou magistralmente
os seus conteúdos na Exortação Apostólica
Evangelii gaudium.

(Leão XIV)

3
FRANCISCO E UMA NOVA IMAGEM DE PAPA

Tiago Cosmo da Silva Dias

Para contextualizar

Era o dia 13 de março de 2013, quando o conjunto de cardeais votantes, que somavam 115, enclausurados na Capela Sistina em conclave, escolheu o cardeal Jorge Mario Bergoglio como bispo diocesano de Roma. Era um "nome desconhecido". Bergoglio era o primeiro Papa jesuíta, o primeiro do continente americano e do hemisfério sul e o primeiro não europeu escolhido em mais de mil e duzentos anos, desde Gregório III (731-741), que nascera na Síria (Ásia).

Bergoglio foi eleito no quinto escrutínio. Durante o conclave, quando sua eleição já havia sido constatada mesmo sem o anúncio da totalidade dos votos, o cardeal arcebispo emérito de São Paulo, Dom Cláudio Hummes, OFM (1934-2022), ter-se-ia antecipado e, depois de abraçá-lo e beijá-lo, dito: "Não se esqueça dos pobres". Essas palavras teriam ficado na mente de Bergoglio como um mantra, a ponto de lhe trazer à mente um nome importante: Francisco de Assis, o homem da pobreza, da paz, e que amava cuidar da criação.

Em apenas dois dias, os 115 cardeais votantes conseguiram dar uma acelerada na história. Por seu próprio instinto, a Igreja sabe quando é necessária uma mudança de ciclo, uma "ruptura contínua", um sinal de esperança para um mundo em crise global. Em dois dias, buscaram o Papa adequado para fundir o poder com o carisma, sem renunciar nem a um nem a outro.

O Bispo de Roma: a aparência e os gestos

No horário de Roma, eram 20h22 quando Bergoglio, já anunciado Papa Francisco (2013-2025), apareceu na sacada da Basílica de São Pedro. Sua aparição chamava a atenção em diversos aspectos, sem que ele dissesse uma só palavra:

- O novo Papa apareceu usando a mesma cruz peitoral que havia trazido de Buenos Aires e que o acompanhara durante todo o conclave, bem como o mesmo anel. Eram paramentos simples de um Papa que queria ser simples.
- Não chegou usando a tradicional mozeta e, muito menos, a estola, que foi colocada apenas na hora de dar a bênção e retirada logo em seguida.
- O Papa evitava o "saudosismo", ou seja, não ficava acenando à multidão, mas apenas, por um breve momento, mostrou-lhe a mão, como quem cumprimentava e, ao mesmo tempo, dissesse: "Não é necessário tanto".

É chegado o momento de o novo Papa falar, depois de ser saudado e aclamado por uma numerosa população que subia e abaixava seus guarda-chuvas naquela noite chuvosa em Roma. A nova era eclesial começou com dois dados importantes: a *fraternidade* – irmãos e irmãs – e um *simples: "Boa noite!"*. A grande reforma foi anunciada no conjunto das primeiras palavras do novo Papa, a começar pelo fato de ele se intitular *Bispo de Roma*, título que demonstrou abertura ao diálogo ecumênico e à colegialidade dos bispos. Aliás, ao fazer referência a Bento XVI, utilizou-se das expressões "nosso bispo emérito".

Iniciava-se naquele momento, segundo Francisco, o "caminho bispo e povo", razão pela qual, antes de abençoar, pediu à multidão presente em Roma que rezasse por ele, em um momento de silêncio. Era a oração do povo por seu bispo: um gesto inédito. Apesar da enorme quantidade de gente, ouviu-se um silêncio ensurdecedor: todos, dos cardeais que o ladeavam até a última pessoa que acompanhava ao vivo a primeira aparição de Francisco, ao longe da sacada, rezaram pelo novo Papa por alguns segundos, diante de uma figura de batina branca que se inclinou e, naquele gesto, era como se dissesse: "Estou aqui para servi-los".

No dia seguinte, ao se deslocar para a Basílica de Santa Maria Maior, o novo Papa dispensou a limusine própria dos Pontífices e usou um carro comum. Passou pela Casa do Clero, onde se hospedara em Roma, e fez questão de pagar a sua conta. Dispensou também o espaço do apartamento pontifício no Palácio Apostólico, que disse que seria usado apenas para audiências com personalidades e para a recitação do *Angelus* ou do *Regina Coeli* aos domingos. Decidiu morar na Casa de Santa Marta, onde conviveria com residentes permanentes e com convidados ocasionais. Ao vê-lo da cabeça aos pés, outro fato surpreendente: Francisco suspendeu os sapatos vermelhos, tradicionais dos Pontífices, e permaneceu com os seus, que eram pretos. À época, espalhou-se que, quando lhe apresentaram os sapatos vermelhos, ele teria dito: "Os meus estão ótimos".

A missa de imposição do pálio e entrega do anel do pescador aconteceu na solenidade de São José, no dia 19 de março, para a qual Francisco se referiu como a celebração de "início do ministério petrino". Nas suas aparições públicas na Praça de São Pedro, Francisco substituiu o papamóvel fechado por um jipe aberto, que o aproximava mais das pessoas. Além dos habituais beijos nas crianças, no próprio dia da inauguração do seu ministério o Papa desceu do carro para beijar um portador de deficiência física. Às quartas-feiras,

LEÃO XIV

43

quando fazia as audiências públicas, percorria a praça por mais de uma hora cumprimentando as pessoas.

Logo depois de sua eleição, ainda alojado na Casa de Santa Marta enquanto o apartamento papal era preparado, Francisco fez as refeições com os outros cardeais, a quem chamou de "irmãos". Tomou com eles o micro-ônibus e recusou o carro particular. Enquanto os chamados "príncipes da Igreja" aguardavam para cumprimentá-lo, Francisco foi diretamente ao cardeal indiano Ivan Dias (1936-2017), imobilizado na cadeira de rodas, segundo relato do Cardeal Hummes. O Papa também teria telefonado pessoalmente para a catedral de Buenos Aires e conversado brevemente com uma multidão que estava em vigília pelo início de sua missão: "Por favor, não se esqueçam desse bispo que está longe, mas os quer muito bem".

Os gestos do novo Papa chamavam a atenção de todos, não só da Igreja. Naquele ano, 2013, ele foi escolhido como personagem do ano pela *Time*, e a revista norte-americana *Esquire* o escolhera como o homem mais bem-vestido, o que o colocou no pedestal de elegância mundial. Pode parecer uma bobagem, mas, para uma Igreja que, até então, estava com a imagem manchada pelos escândalos de pedofilia e de corrupção no Vaticano, aquilo significava que Francisco começava a modificar essa imagem.

Em certa medida, pode-se afirmar que diminuiu a *devoção* ao Papa, que teria crescido sobretudo graças a Pio IX (1846-1878), e aumentou o *respeito* e a *admiração*, porque Francisco apresentava-se ao mundo com simplicidade e, acima de tudo, destacando a todo tempo que era um ser humano como qualquer outro, apesar da enorme responsabilidade que carregava. Por isso, talvez, pedisse sempre: "Rezem por mim". Por exemplo: no dia 28 de março de 2014, surpreendeu inclusive seu mestre de cerimônias, Monsenhor Guido Marini. Na Basílica de São Pedro, depois de proferir uma breve reflexão sobre o sacramento da reconciliação, Francisco deveria ir até o confessionário para ouvir as confissões dos fiéis, com outros sessenta sacerdotes espalhados pelo templo. No entanto, mesmo o monsenhor indicando-lhe o confessionário vazio, o Papa dirigiu-se a outro, ajoelhou-se diante de um sacerdote surpreso e se confessou. Em setembro de 2015, ele foi ao centro de Roma sem seus seguranças e acompanhado somente pelo motorista para refazer as lentes de seus óculos. Ficou na ótica por quarenta minutos e, claro, atraiu a atenção de uma multidão que circulava pelo local. Segundo noticiou a imprensa, Francisco ainda pediu ao proprietário da loja: "Só preciso fazer as lentes. Não quero gastar muito, mas pagarei o que é devido". Tudo isso para dizer que Francisco era humano como todos e, talvez, respeitado e admirado exatamente por isso.

Além disso, o Papa sempre apostou na colegialidade e na sinodalidade, mesmo consciente e fiel ao seu princípio de que o tempo é superior ao espaço e, portanto, mais importante do que esgotar os processos, é preciso iniciá-los. Aliás, exatamente um mês depois de sua primeira aparição, Francisco anunciou a formação de um Conselho de Cardeais que o ajudaria a pensar no tema da reforma da Cúria Romana. De fato, o pontificado de Francisco não foi longo, mas mostrou que é possível ser o Bispo de Roma, com a missão universal, de uma maneira diferente: ouvindo os outros, e não apenas os membros do clero. Ainda no hospital, internado, o Papa instaurou uma dinâmica para implementação do Documento Final do sínodo sobre a sinodalidade nas dioceses, que culminará com uma Assembleia Eclesial em outubro de 2028. Para ele, parecia não importar se estaria aqui para ver essa dinâmica consolidada: o essencial era o processo.

A comunicação de Francisco

Ao longo de todo o pontificado, Francisco mostrou-se como um Papa culto, mas não professoral. Sabia perfeitamente usar a linguagem popular trazendo para dentro dela toda a sua cultura filosófica, teológica e, acima de tudo, literária. Em certa medida, o Pontífice revirou o estilo de comunicação do papado. Enquanto viveu, desde o primeiro momento, quis instantaneidade, espontaneidade, sinceridade e convicção. Ele falava indistintamente a todos e, apenas de forma muito pontual e precisa, apropriava-se dos títulos para se referir às lideranças da Igreja, tais como "eminência" ou "excelência". No último consistório que convocou, em 2024, na carta que enviou aos cardeais que escolhera escreveu: "Rezo para que o título de servidor ofusque cada vez mais o de eminência".

A primeira encíclica publicada por Francisco foi *Lumen fidei*, no dia 29 de junho de 2013, cujo conteúdo, em grande parte, havia sido redigido já por Bento XVI. O novo Papa a modificou em pouca quantidade e a publicou, tanto que, à época, dizia-se ser um texto escrito a quatro mãos. O documento que trouxe de fato sua visão de Igreja e serviu de motor para os anos sucessivos foi a Exortação Apostólica *Evangelii gaudium*, que também recolhia os frutos do sínodo sobre a nova evangelização, realizado em 2012, em Roma. Como diz o poeta, "de repente, não mais que de repente" uma Igreja acostumada a receber textos formais, não raras vezes com teologias densas, agora recebia, efetivamente, uma "exortação". Era um texto extremamente rico, que citava as diferentes Conferências Episcopais ao redor do mundo, com rigor e precisão teológicas, mas com um vocabulário acessível e muito peculiar. Algumas dessas expressões foram: Igreja "em saída", "primeirar", o confessionário que não poderia ser uma "câmara de tortura", o desenvolvimento da "psicologia do túmulo que pouco a pouco transformava os cristãos em múmias de museu", a sensação de derrota que nos transforma em pessimistas lamurientos e desencantados com cara de vinagre, o "mundanismo espiritual", o pecado do "deveriaqueísmo", perseguições que pareciam uma implacável caça às bruxas, a homilia que não pode ser um espetáculo de divertimento e evitar que se pareça uma conferência ou uma aula... Isso sem mencionar as vezes em que, no meio do texto, o Papa parecia querer chegar, de fato, ao coração de quem lia, porque mudava a impessoalidade dos verbos para a segunda pessoa do singular.

Em 2014, em um emblemático discurso à Cúria Romana por ocasião do Natal, Francisco elencou as enfermidades que podem acompanhar o organismo e cunhou expressões típicas, tais como o martalismo (excesso de atividades), empedernimento mental e espiritual (referindo-se aos que têm o coração de pedra), planificação excessiva e funcionalismo, Alzheimer espiritual, esquizofrenia existencial, bisbilhotices, a "cara fúnebre", o lucro mundano e os exibicionismos. Eram recorrentes, mesmo nas catequeses, expressões do tipo *balconear* (postura de quem fica à margem, vendo a vida passar), fofoca, periferia, ternura, clericalismo, mundanidade, orfandade.

Isso, claro, sem mencionar aqueles termos que, no Papa Francisco, foram alvo inclusive de aprofundamentos teológicos de todo gênero, tais como cultura do encontro, cultura do descarte, alegria do Evangelho, opção pelos pobres (que encontrou novo vigor em seu pontificado) etc., conceitos que se difundiram de tal modo que, hoje, não se pensa mais uma teologia que, de alguma forma, não os aborde. Em tudo isso, havia um traço muito particular no olhar de Francisco: a pessoalidade; era, de fato, como ele também queria a evangelização, uma comunicação "de pessoa a pessoa". Exemplo claro foi a publicação do longa-metragem *Amén. Francis responde*, lançado no dia 5 de abril de 2023. O Papa esteve diante de dez jovens, quase todos distantes da Igreja, e se colocou à disposição para escutar suas angústias, dúvidas e posicionamentos. Impressiona quando, por exemplo, uma espanhola, chamada Celia, apresenta-se a Francisco como não binária e cristã. "Você sabe o que é uma pessoa não binária?", ela lhe perguntou. O Papa responde com muita naturalidade que sim, algo que até assusta a jovem, que, mesmo assim, explica sua condição e pergunta: "Na Igreja, há lugar para mim? O que dizer daqueles que interpretam a Bíblia de forma fundamentalista e nos condenam?". Francisco foi certeiro: "São pessoas infiltradas que se aproveitam da Igreja para suas paixões pessoais, para sua estreiteza pessoal. Têm dificuldade de reconhecer os próprios pecados e ficam apontando os dos outros". A comunicação de Francisco era direta, clara e imediata.

O pastor com cheiro das ovelhas

No dia 22 de março de 2013, alguns dias após sua eleição, Francisco tomou o telefone para ligar para seu jornaleiro, em Buenos Aires, a fim de cancelar a entrega do jornal. Também telefonou para seu dentista, que vivia na Argentina, e lhe enviara saudações pela indicação ao bispado de Roma. O telefonema era unicamente para agradecê-lo. Eram gestos de um homem simples que, em toda a sua trajetória, quis ser simples.

Um fato surpreendente que atravessou o mundo também ocorreu em novembro daquele ano. Ao término da audiência geral na Praça de São Pedro, Francisco abraçou um homem com neurofibromatose, doença neuronal que produz tumores na pele e deformidades nos ossos. É uma doença genética comum, mas a aparência gera certo tipo de rechaço contra as vítimas. Em entrevista à revista italiana *Panorama*, alguns dias após aquele fato, Vinicio Riva, de 53 anos, afirmou que aquele momento não teria durado mais de um minuto, mas pareceu uma eternidade, e foi como se ele estivesse no paraíso. "O que mais me surpreendeu foi que ele não pensou duas vezes em me abraçar. Ele acariciava todo o meu rosto e, enquanto ele estava fazendo isso, eu senti só amor", disse.

Na mesma ocasião, Francisco pediu publicamente que rezassem por Noeli, uma criança de um ano e meio que sofria de uma atrofia muscular degenerativa tipo 1. Ele a teria cumprimentado antes da audiência e, quando tomou a palavra, disse: "Peço-lhes um ato de caridade. Acabo de ver essa belíssima menina com essa grave doença.

Chama-se Noeli, e ela, pobrezinha, sempre sorria. Seus pais rezam pela saúde dessa menina. Façamos um ato de amor por ela. Vocês não a conhecem, mas ela é batizada como nós. Em silêncio, peçamos ao Senhor que lhe dê saúde", pediu.

Em 2018, uma cena que comoveu o mundo foi a do pequeno Emanuele, de 8 anos, que chorando perguntou ao Papa Francisco se o pai falecido, que era ateu, estaria no céu. Na ocasião, depois de pedir licença ao menino para expor o seu questionamento em público, o Bispo de Roma afirmou: "Quem diz quem vai para o céu é Deus. Mas como está o coração de Deus diante de um pai assim? Um coração de papai. Deus tem o coração de um pai. E, diante de um pai não crente que foi capaz de batizar seus filhos e dar essa bravura aos seus filhos, vocês acham que Deus seria capaz de deixá-lo longe?". E concluiu: "Deus certamente estava orgulhoso do seu pai, porque é mais fácil ser um crente, batizar crianças, que batizá-las sendo incrédulo. Certamente isso agradou muito a Deus. Fale com seu pai, reze a seu pai. Obrigado, Emanuele, por sua coragem".

Naquele mesmo ano, uma belíssima cena: Francisco acolheu um menino autista, que espontaneamente, durante a audiência geral, foi em direção a ele. A mãe, constrangida, dirigiu-se ao Pontífice e lhe explicou a condição da criança, que não sabia falar. "Deixe-o aí brincando", ele disse à mãe. Depois, voltou-se a Dom Georg Ganswein, que o ladeava, e brincou: "É argentino: indisciplinado". Voltando-se a todos os que o ouviam, espontaneamente, o Papa aproveitou-se daquela cena para ensinar: "Esse menino não pode falar; é mudo. Mas sabe comunicar! Sabe se expressar e tem algo que me faz pensar: é livre, indisciplinadamente livre. Mas é livre. Fez-me pensar: eu sou assim livre diante de Deus? Quando Jesus disse que devemos fazer como as crianças, nos disse que temos de ter a liberdade que tem uma criança diante de seu pai. Creio que este menino tenha feito uma pregação a todos nós; e peçamos a graça de que possa falar", concluiu.

Além de sua sensibilidade para com a situação real dos fiéis, Francisco foi uma Papa muito bem-humorado, ainda que, também pastoralmente, tenha sido duro em algumas ocasiões. Um exemplo mais recente foi em maio de 2023, quando, ele mesmo contou em um discurso, uma senhora se aproximou, pediu-lhe que abençoasse seu filho e abriu uma bolsa, na qual havia um cachorro: "Tantas crianças com fome e você com um cachorrinho?", ter-lhe-ia dito o Papa, que disse ter perdido a paciência. Não que Francisco fosse contra os animais. Aliás, em uma das audiências gerais ele até chegou a jogar uma bolinha a um cão, que foi buscá-la e a levou de volta ao Pontífice, que o acariciou. Francisco aproveitou-se da ocasião para afirmar que os animais não pecavam e, portanto, não podiam ser julgados.

Francisco fazia brincadeiras e estava sempre sorrindo. Chegou a afirmar, inclusive, que o senso de humor era a atitude mais próxima da graça. Certa vez, disse ser demasiado complicado quando as pessoas encontravam sacerdotes tristes, todos carrancudos, com a cara de pimentão no vinagre. Em outra ocasião, afirmou: "Sobreviver em Roma não é fácil! E, quando vocês estiverem um pouco a lutar, bebam um bocadinho de cachaça para levantar o ânimo". Em 2015, durante um encontro mundial do Movimento Eucarístico Jovem (MEJ) realizado no Vaticano, que teria reunido aproximadamente 2 mil jovens de todo o mundo, alguns dos presentes foram selecionados para fazer perguntas ao Papa. A paulista Ana Carolina Cruz, de 19 anos, estava entre elas. Depois de fazer seu questionamento, ela foi até o Papa para o abraçar, ao que ele perguntou: "Você é brasileira? Quem é melhor: Maradona ou Pelé?". E ainda pediu à jovem que voltasse ao microfone para dizer publicamente o que ele havia perguntado e qual era a sua resposta.

O pontificado de Francisco também precisou enfrentar a dura pandemia da Covid-19, que ceifou muitas vidas. A imagem do Papa na noite do dia 27 de março de 2020 rezando sozinho na imensa Praça de São Pedro e concedendo a bênção *urbi et orbi* a todos os fiéis foi quase cinematográfica. Em meio aos óbitos que não paravam de crescer, o Papa promulgou a Encíclica *Fratelli tutti*, sobre a fraternidade e a amizade social.

Isso tudo sem mencionar o fato de que, mesmo as celebrações solenes, Francisco fazia questão de celebrá-las não exclusivamente na Basílica de São Pedro. Exemplos: na quinta-feira santa, costumava visitar presídios para lavar os pés dos presos. A última, em 2024, foi na penitenciária feminina de Rebibbia, onde lavou e beijou os pés de doze presidiárias. A primeira porta santa aberta no Jubileu Extraordinário da Misericórdia, convocado pelo Papa Francisco, foi a da Catedral de Notre-Dame, em Bangui, na África Central, àquela altura um dos países mais sangrentos e divididos do mundo. Era o dia 29 de novembro de 2015. O gesto foi revolucionário não só porque, pela primeira vez, a primeira porta santa a ser aberta não era a da Basílica de São Pedro, mas também porque, em um lugar fechado e com tantas barreiras, abria-se uma porta de esperança, com o convite às pessoas para que entrassem e encontrassem misericórdia e paz.

Mesmo nos momentos finais, após trinta e oito dias internado no Hospital Gemelli, em Roma, para tratar problemas respiratórios, quando obteve alta e fez a sua primeira aparição, no dia 23 de março de 2025, Francisco acenou à multidão, mas se atentou, sobretudo, a uma senhora que lhe homenageava com rosas amarelas. A ocasião recordou o episódio de Jesus, que, cercado por uma grande multidão em Jericó, foi capaz de olhar para um homem de baixa estatura pendurado em uma árvore: Zaqueu (Lc 19,1-9). No dia 6 de abril, duas semanas depois, de surpresa o Papa apareceu durante as celebrações do jubileu dos enfermos. Com dificuldades para respirar e, naturalmente, para falar, ainda encontrou forças para dizer: "Feliz domingo. Obrigado a todos". Na quinta-feira santa, 17, Francisco visitou a prisão de Regina Coeli, a principal de Roma. Apesar de não ter lavado os pés, disse: "Gosto de fazer todos os anos aquilo que Jesus fez na quinta-feira santa: a lavagem dos pés, na prisão. Neste ano não posso fazê-lo, mas posso e quero estar próximo de vocês. Rezo por vocês e por suas famílias". A visita teria durado cerca de trinta minutos, durante os quais Francisco orou pelos detentos, cumprimentou-os individualmente e concedeu-lhes sua bênção. Já no carro, no retorno à casa, perguntado por jornalistas sobre como estava, respondeu: "Sentado". A penúltima aparição foi no dia 19, Sábado de Aleluia, quando, sem batina, atravessou a Basílica de São Pedro em direção ao túmulo de Pio X (1903-1914), Papa reformador do início do século XX. Francisco queria rezar pela paz. Na ocasião ainda abençoou alguns fiéis que, felizes, aproximaram-se dele ao vê-lo, pedindo-lhe a bênção. O "adeus" se deu no próprio domingo de Páscoa. Suas palavras finais à Igreja foram: "Queridos irmãos e irmãs, feliz Páscoa". Aos que ficamos, celebramos a Páscoa como memorial, atualizando o mistério pascal de Cristo. Para Francisco, a Páscoa definitiva: ele, que tantas vezes comungou o Senhor não só pelas celebrações que presidiu, mas sobretudo no contato com os pobres e marginalizados, foi finalmente comungado por Ele e, segundo relatou quem o acompanhava, sem grandes sofrimentos.

O futuro será exigente!

O resgate aqui feito, naturalmente, possui diversos limites, a começar pela própria densidade do pontificado de Francisco. É necessário demasiado tempo e espaço para avaliar e pensar, concretamente, doze anos de papado, ainda mais quando eles são tão marcantes quanto foi o do falecido Papa, que, até imóvel em um simples caixão, como desejara, parecia nos ensinar, porque estava simples e sereno. Ao término do cortejo, que saiu da Basílica de São Pedro até a Basílica de Santa Maria Maggiore, os primeiros a homenageá-lo foram os pobres, que ocuparam um lugar privilegiado durante o seu pontificado.

Tudo isso para dizer que Francisco fez subir o nível do papado de uma forma surpreendente, ainda que, institucionalmente, não o tenha reformado em absolutamente nada. Por isso, o mundo não espera apenas um líder eclesiástico que saiba lidar com questões *ad intra* ou diplomáticas: o povo quer, outra vez, um *pastor com o cheiro das ovelhas*, que saiba *se comunicar com maestria* e *seja simples*, na maneira de ser e de agir. É óbvio que, neste mundo, não há ser humano igual a outro, e o novo Papa terá o seu próprio ritmo de trabalho e maneira de ser. É inegável, porém, que ao menos nos primeiros anos será comparado a Francisco não poucas vezes, inclusive nas próprias escolhas que fizer, desde as mais simples – como, por exemplo, se decidir usar os sapatos vermelhos – às mais complexas – a reforma da Cúria Romana, a questão pastoral dos casais em segunda união ou dos irmãos e irmãs que se identificam como LGBTQIAPN+.

Conste-se que, na última congregação geral dos cardeais, no dia 6 de maio, os cento e setenta e três membros presentes do Colégio Cardinalício que dela participaram destacaram a necessidade de dar continuidade às reformas iniciadas por Francisco, inclusive no que diz respeito às leis contra os abusos, questões econômicas, reforma da Cúria, compromisso com a paz e cuidado com a criação. Refletiu-se também sobre a necessidade de o Papa ser, efetivamente, um *pontifex*, ou seja, um construtor de pontes diante das divisões internas na Igreja. De alguma forma, isso indicava que, naquelas vinte e seis intervenções, havia unanimidade de que era necessária uma continuidade do que Bergoglio instaurara.

Nesse sentido, Francisco pode não ter realizado a esperada reforma do papado, mas ao menos instaurou processos e um *modus operandi* no exercício do ministério petrino atrelado muito mais ao carisma, em si, do que propriamente a eventuais imagens que se tenham consolidado acerca do papado. É sempre bom recordar que o carisma faz voltar à origem, e a história foi e é a grande responsável por moldar o papado. Em categorias mais simples, o que se quis afirmar aqui é que o carisma permanece, enquanto o papado é uma construção que, mesmo vagarosamente, assume diferentes roupagens, a depender dos tempos ou da própria personalidade que o ocupa. Francisco foi responsável por mudar a figura do papado, a começar pelo próprio título com que sempre preferiu ser chamado: o Bispo de Roma. O Papa Leão XIV tem nas mãos o desafio de consolidar essa imagem e continuar avançando em uma reconfiguração do ministério petrino, algo que, inclusive, parece já ter acenado ao dizer, em sua primeira aparição, que os cardeais o haviam escolhido para caminhar com eles, o que já se pode entender como certa primazia da colegialidade.

Em outras palavras, agora se verá se as reformas do Papa Francisco, seja no que diz respeito à renovação das estruturas ou à cultura eclesial, encontrarão concretude. Ambas estão diretamente relacionadas, ainda que, sem a segunda, a norma tenda a estacionar e cair em desuso. De fato, a efetividade das reformas reside no processo de sua recepção nas diferentes esferas e pelos diversos sujeitos eclesiais, porque, afinal de contas, só há renovação efetiva quando o conjunto dos fiéis faz também a sua parte. Logo, não basta apenas uma reforma nas estruturas; é necessária uma mudança nos comportamentos em direção a elas. Agora a decisão é de Leão XIV. Oremos por ele.

4
UMA IGREJA EM
REFORMA PERMANENTE

Maria Clara Bingemer

O Papa Francisco faleceu, e a Igreja – ou pelo menos boa parte dela – se sente órfã. O luto e o sentimento de orfandade são dolorosos, mas podem resultar em algo criativo e maduro, que seja fruto saboroso e nutritivo para muitos. Assim nos parece ser o legado de Francisco e por isso é tão importante revisitá-lo e experimentá-lo sempre novamente, a fim de poder dele extrair todo o seu sumo e sabor.

Neste texto procuraremos recordar o ensinamento de Francisco sobre a Igreja dos seus sonhos. Primeiramente veremos em que consistia seu desejo de uma Igreja pobre e dos pobres. Em seguida veremos como seus documentos deixam perceber o perfil de uma Igreja que pratica o amor fraterno e cuida da criação e da imensa comunidade de seres vivos em que os seres humanos estão inseridos. Finalmente refletiremos sobre o conceito de "Igreja em saída", percebendo nele a intenção do Papa de revelar a dinamicidade e o perpétuo movimento de uma comunidade eclesial fundada em Cristo, mas sempre movida pelo sopro de seu Espírito a caminhos sempre novos e insuspeitados.

Uma Igreja pobre e dos pobres

A teologia do saudoso Papa Francisco é marcada pela missão que começa no seio da Trindade com o envio do Filho ao coração do mundo dilacerado entre injustiças e conflitos. Essa missão segue hoje levada pelos cristãos que são chamados a encarnar-se inteiramente entre os pobres e necessitados de toda sorte.

Desde o começo de seu pontificado, Francisco dedicou palavras, ações e reflexões a esses que a Bíblia Hebraica e o Evangelho de Jesus apontam como preferidos, merecendo especial lugar e atenção no coração de Deus e, portanto, nas prioridades daqueles que creem em Deus e seguem Jesus. Não se cansou de chamar a atenção para as muitas situações e para a enorme quantidade de rostos que as pessoas em situação de pobreza vão tomando à medida que o tempo e o espaço se movem e exibem diferentes configurações.

Em sua mensagem para o I Dia Mundial dos Pobres, o Papa descreve esses diversos rostos da pobreza:

> Conhecemos a grande dificuldade que há, no mundo contemporâneo, de poder identificar claramente a pobreza. E, todavia, esta interpela-nos todos os dias com os seus inúmeros rostos marcados pelo sofrimento, pela marginalização, pela opressão, pela violência, pelas torturas e pela prisão, pela guerra, pela privação da liberdade e da dignidade, pela ignorância e pelo analfabetismo, pela emergência sanitária e pela falta de trabalho, pelo tráfico de pessoas e pela escravidão, pelo exílio e pela miséria, pela migração forçada. A pobreza tem o rosto de mulheres, homens e crianças explorados para vis interesses, espezinhados pelas lógicas perversas do poder e do dinheiro. Como é impiedoso e nunca completo o elenco que se é constrangido a elaborar à vista da pobreza, fruto da injustiça social, da miséria moral, da avidez de poucos e da indiferença generalizada!

Essa lista longa e triste de pessoas reais e humanas que vivem em situação de morte procurando desesperadamente um caminho para viver, esse "impiedoso e nunca completo elenco", Francisco o converteu em uma interpelação ineludível para a Igreja. Na mesma mensagem do I Dia Mundial dos Pobres, afirma: "Todos estes pobres – como gostava de dizer o Beato Paulo VI – pertencem à Igreja por 'direito evangélico'" (Discurso de abertura na II Sessão do Concílio Ecumênico Vaticano II, 29 de outubro de 1963) e obrigam à opção fundamental por eles.

A citação que faz de seu predecessor Paulo VI mostra de forma clara sua sintonia com a proposta do Concílio Vaticano II. Assim também poderia ser referida a declaração de João XXIII, Papa que convocou e iniciou o Concílio. Em sua mensagem radiofônica de 11 de setembro de 1962, o Papa João afirmou que a Igreja se apresenta como a Igreja de todos, mas particularmente a Igreja dos pobres.

Assim viveu e foi formado Jorge Mario Bergoglio, presbítero, bispo e cardeal da cidade de Buenos Aires, ao sul da América, no "fim do mundo". Ao longo de seu ministério, viveu a recepção do Concílio Vaticano II dentro da situação latino-americana. Francisco é um filho legítimo do Concílio, foi formado dentro do espírito da primavera do Vaticano II, acompanhou sua recepção em seu país e continente e pôde aplicar as intuições e prioridades da grande assembleia conciliar a seu pontificado.

Após trinta anos em que parecia que muito do Concílio, especialmente a opção preferencial pelos pobres, se encontrava na sombra e um tanto esquecido, Francisco desde o começo de sua atuação pontifical trouxe à frente da cena a questão da primordialidade dos pobres. Apresentou-a atualizada, reconfigurada pelos vários rostos novos que infelizmente se somaram ao "impiedoso elenco" já mencionado em Medellín (1968) e Puebla (1979), mas fiel ao espírito conciliar e carregada do sopro profético da Igreja latino-americana.

Durante seu pontificado reafirmou e consolidou a prioridade dos pobres de muitas maneiras e sob diferentes formas: seja criando o dicastério para o desenvolvimento humano, seja chamando constantemente a atenção para o problema dos migrantes, seja criando um Dia Mundial dos Pobres. Com ele, a Igreja se revelou ao mundo inteiro como Igreja pobre e dos pobres, contida no sonho do Papa João na metade do século XX. E nesse caminho é chamada a andar com firmeza e humildade.

Uma grande comunidade interligada

A Igreja pós-conciliar mostrou um perfil antropocentrado, direcionando sua prioridade para o humano e deixando de ser teocêntrica. Assim, buscava ser fiel ao chamado do primeiro parágrafo da Constituição Pastoral *Gaudium et spes*:

> As alegrias e as esperanças, as tristezas e as angústias dos homens de hoje, sobretudo dos pobres e de todos aqueles que sofrem, são também as alegrias e as esperanças, as tristezas e as angústias dos discípulos de Cristo; e não há realidade alguma verdadeiramente humana que não encontre eco no seu coração.

Trata-se, portanto, de uma Igreja que repercute incessantemente o humano e que se deseja "perita em humanidade". O pontificado de Francisco resgata essa prioridade, mas vai além dela. Demonstra que não basta priorizar afetiva e efetivamente o humano. É preciso estender o olhar e perceber que a humanidade se encontra dentro de um grande corpo, que é a Terra, criada por Deus. O planeta é habitado por milhões de espécies e seres vivos, e dentro dele vive o ser humano com sua singularidade, mas também com sua responsabilidade e dependência. Todos dependemos da Terra. Sem ela não podemos viver. Ao mesmo tempo todos somos responsáveis por ela e por seus habitantes, devendo responder por seu cuidado e por seu futuro.

O desafio que Francisco lançou à Igreja e à sociedade com sua encíclica *Laudato si'*, de 2015, sobre o cuidado da casa comum, traz alguns pontos que configuram um novo tempo para a comunidade eclesial e para o cristianismo como um todo:

- *Viver é necessariamente conviver*: o ser humano não reina no universo à parte dos outros seres vivos. Mas é criado a partir da pluralidade e convidado à convivência. E essa convivência diz respeito não apenas a seus semelhantes em humanidade, mas a todos os seres vivos. Tudo está interligado, tudo e todos são interdependentes. Não há vida possível no isolamento de si mesmo ou do outro. A vida, para existir, necessita ser um com-viver, uma con-vivência.
- *Deus é o ardente amante da vida*: o projeto de Deus é de vida e não de morte. Portanto, todo e qualquer ataque ou negligência com respeito à vida não é de Deus. Mais que isso: Deus é vida em si mesmo. Tudo que leva à morte não tem identificação com Deus.
- *A atitude cristã fundamental é o cuidado*: O ser humano não está na criação para dominar a terra e conquistá-la. Nem para buscar seu próprio proveito em detrimento das outras formas de vida que nela existem. Está aí como responsável pela vida. E, portanto, sua atitude deve ser de cuidado, proteção, cultivo e desenvolvimento da vida sob todas as suas formas e configurações. Toda vida importa, toda vida deve ser cuidada, mesmo a mais frágil e insignificante.
- *Cuidar da terra é construir a justiça*: O esforço para restaurar relações harmoniosas entre a humanidade e o cosmos requer a superação de certos conceitos deterministas, individualistas e econômicos. A encíclica de Francisco nos chama a recuperar uma noção de vida tão presente nas culturas dos povos originários, que veem o cosmos como uma epifania, cheia de significado, uma manifestação de mistério. Trata-se de uma instância que exige reverência e respeito. A contemplação do mistério do cosmos não deve nem pode ser vista como uma preocupação

ascética ou estética nascida apenas do ócio, mas como a expressão de uma preocupação ética primordial: o cosmos deve ser devolvido aos homens e mulheres que foram despojados do que era seu e do que ali lhes pertencia de direito. Esta restituição acompanha a luta para dar pão aos famintos, abrigo aos sem-abrigo, água aos sedentos. Tudo isto é um gesto salvífico, é devolver o cosmos a todos aqueles que dele foram expropriados.

Francisco diz a sua Igreja como Bispo de Roma e pastor universal que a crise climática é um fato que não pode ser ignorado ou desvalorizado como de menor importância. Nela está em jogo o futuro da humanidade e de toda a criação. À medida que essa crise se aprofunda, aparecem com maior visibilidade suas primeiras e maiores vítimas: os pobres.

A Igreja segundo Francisco se sente chamada a ser perita em humanidade e, portanto, construtora da paz e da justiça que seu venerado antecessor Paulo VI declarou irmãs inseparáveis. Mas essa justiça é pluriforme e mostra hoje com clareza fulgurante um novo rosto: o do ecossistema, da terra – nossa mãe e irmã como diz o Papa na *Laudato si'* – da qual viemos (da argila de Adão) e à qual voltaremos (somos pó e ao pó voltaremos). Cuidar da terra, portanto, segundo Francisco, é missão prioritária da Igreja, tanto e de tal maneira como cuidar dos pobres e de toda a humanidade.

Em 2019 Francisco convocou o sínodo sobre a Amazônia. A exortação que a ele se seguiu – Querida Amazônia – descreve os sonhos do Papa para essa região que inclui nove países e que é parte fundamental da "respiração" do mundo. Fala de um sonho social, um sonho cultural, um sonho ecológico e finalmente um sonho eclesial. Aí aparecem as consequências que Francisco enxerga no horizonte que traçou na *Laudato si'*: "Sonho com comunidades cristãs capazes de se devotar e encarnar de tal modo na Amazônia, que deem à Igreja rostos novos com traços amazônicos".

A Igreja que Francisco sonha é aquela capaz de abrir-se à imensa diversidade que constitui a criação. E fazê-lo de tal maneira que dê nova forma aos rostos das comunidades cristãs. Não basta saber da existência da Amazônia e seu tesouro ambiental. É necessário preservá-lo, cuidá-lo, amá-lo e perceber sempre mais que o rosto revelado da floresta e seus habitantes humanos e não humanos é o rosto do mundo querido e desejado por Deus, no qual a Igreja existe e ao qual é chamada a servir.

Uma Igreja em saída fora do espaço sagrado

Ao surpreender o mundo por sua visita a Lampedusa onde se solidarizou com os migrantes que ilegalmente buscam vida melhor na Europa, Francisco de Roma mostrou seu projeto de pontificado: uma Igreja "em saída". Explicitou esse projeto na exortação *Evangelii Gaudium* (20-24), onde diz preferir "uma Igreja acidentada, ferida e enlameada por ter saído pelas estradas, a uma Igreja enferma pelo fechamento" (49).

Na verdade, usando essa expressão o Papa se encontra em total coerência com o projeto de Jesus e da primeira Igreja: uma comunidade que é missionária, que sai pelos caminhos ao encontro de todos anunciando uma esperança e uma boa notícia. A convocatória desta Igreja não seria uma chamada ao cuidado e à autoproteção de sua identidade, mas ao risco. O famoso brado candente de Francisco: *Hagan lío* ("Façam barulho", "façam agitação") diz respeito a essa ausência de medo de misturar-se aos demais, com outras identidades, crenças, pertenças sociais.

Na Conferência de Aparecida o episcopado latino-americano reafirmou sua coesão e união fraterna em torno das prioridades do continente. Ali foi incorporada ao pensar e ao agir da Igreja a categoria do discípulo/missionário que permite integrar todos os segmentos eclesiais em uma missão única e continental. Ali foi mostrada a importância de nos vermos e sentirmos como Igreja unida continentalmente, assumindo em conjunto prioridades inadiáveis. E assumindo igualmente um envio missionário coletivo.

Todo o pontificado de Francisco foi um testemunho coerente desse desafio programático para si e para toda a Igreja: ser uma Igreja em saída, ou seja, não temer o movimento, a mudança, a diferença. Mas, ao contrário, existir neste próprio movimento, sendo em si mesma movimento, mutação, alteridade.

Além da exortação *Evangelii Gaudium*, documento primeiro e programático de seu pontificado, esse desafio se concretizou em suas iniciativas, atitudes e palavras ao longo dos doze anos em que esteve na sé apostólica.

Trazia essa identidade missionária de sua própria identidade jesuíta, ordem missionária por identidade e que se entende a si mesma como enviada a todos os cantos do universo mundo por Jesus Cristo, "rei eterno e Senhor universal" (Exercícios Espirituais, n. 91-98: Meditação do Reino). O cardeal Bergoglio, chefe do comitê de redação da conferência de Aparecida, foi em boa parte responsável pela diretriz central que emergiu do documento de conclusões, que convidava os cristãos latino-americanos a formarem uma Igreja discípula e missionária, que escute e atue no serviço ao Evangelho.

Como Papa, Francisco ampliou às dimensões do mundo inteiro esse entendimento da Igreja que deveria pastorear, a partir de sua posição de Bispo de Roma. Seu anúncio no balcão mostrava já a consciência dessa identidade ao apresentar-se como novo Bispo de Roma, vindo do fim do mundo. E acrescentando que a igreja de Roma presidia às outras igrejas na caridade. Eclesiologia impecável, que já apontava para o que vai ser declarado como o sonho eclesial de Francisco: uma Igreja "em saída".

Muitos dos documentos de seu pontificado mencionam direta ou indiretamente esta Igreja em saída. Destacamos aqui um deles: a

Fratelli tutti, de 2020. Ali, o Papa propõe a toda a Igreja uma mudança de lugar: sair da lógica do sócio e passar à lógica do irmão. Sair daquilo que nos leva a procurar os outros por interesse ou vantagens que deles possam resultar para nós e passar à lógica da gratuidade que gera amor e serviço e que constitui o coração da Igreja em saída. O ferido à beira do caminho que atraiu a compaixão do idólatra e pagão que era o samaritano do evangelho de Lucas não apresentava credenciais outras que sua própria tragédia: estar ferido e abandonado à beira do caminho. Aproximou-se dele e assistiu-o com seu cuidado. Isso não lhe trouxe nenhuma vantagem ou benefício. Ao contrário, custou-lhe trabalho, empenho e mesmo despesas financeiras, já que ao seguir viagem diz ao dono da estalagem que ao voltar assumirá todas as despesas que porventura o cuidado do ferido haja causado.

Por que se deteve o samaritano diante do outro em necessidade e que nada lhe podia dar em troca? Sequer sabemos se era judeu ou se tinha alguma religião. Ouviu o apelo que vinha da humanidade agredida e ferida do outro. E sentiu-se responsabilizado em sua própria humanidade. Não podia deixar aquele homem naquele estado. Compadeceu-se e cuidou dele. E assim se tornou modelo da prática da Lei que salva, que é a Lei do amor. Encarnou o que Jesus desejava ensinar ao doutor da Lei: a verdadeira fraternidade e hoje se torna indicação do que o próprio Francisco deseja para sua Igreja: a amizade social, que faz a comunidade eclesial sair da proteção de seus espaços sagrados e ir de encontro a um mundo ferido e necessitado. Uma amizade que nasce não de conveniências e necessidades, mas apenas do fato de o outro ser irmão em humanidade.

Conclusão: uma Igreja sempre em reforma

A expressão em latim *Ecclesia semper reformanda* foi utilizada por Francisco várias vezes ao longo dos doze anos em que esteve à frente da Igreja Católica. Sobretudo quando percebia resistências fortes às mudanças que propunha, advindas do medo ao movimento e a nostalgia de fixar-se em formas e elementos antigos e já ultrapassados. Advertiu sobre isso inúmeras vezes, especialmente quando falava aos membros da hierarquia que formavam sua cúria.

Embora reconhecesse que a resistência aberta muitas vezes "advém de boa vontade e do diálogo sincero", observava igualmente que a resistência oculta muitas vezes "nasce de corações temerosos ou endurecidos, satisfeitos com a retórica vazia de uma reforma espiritual complacente, por parte daqueles que se dizem prontos para a mudança, mas querem que tudo continue como está".

Essa paixão pela escuta obediente e praticante das inspirações do Espírito Santo configurou e sustentou toda a sua utopia em relação à Igreja e à sociedade e ao mundo em que ela se encontra inserida. Assim é que não temeu advertir aos que se escandalizavam com as reformas que fazia que o comando central da Igreja "não é um aparato burocrático imóvel".

Ao contrário, pelo fato mesmo de avaliar-se, mover-se e reformar-se, a Igreja emite "acima de tudo, um sinal de vida, uma Igreja que avança em seu caminho de peregrina, uma Igreja que vive e por isso está sempre em transformação; precisando de mudanças por estar viva". E acrescentou: "É necessário reiterar com convicção que a reforma não é um fim em si mesma, mas é um processo de crescimento e, acima de tudo, de conversão".

Esta Igreja viva e em saída é o centro do legado de Francisco. Neste momento o mundo inteiro volta os olhos para seu sucessor recém-eleito, Leão XIV. E deseja ardentemente que ele leve adiante e aprofunde todo esse dom e esse rastro luminoso que o falecido Papa deixou atrás de si ao fazer sua Páscoa, um dia depois de abençoar e abraçar a Praça São Pedro quando a Igreja celebrava a festa maior do triunfo de Jesus Cristo sobre a morte.

5
AS CONTRIBUIÇÕES DO MAGISTÉRIO SOCIAL

Rosana Manzini

A Doutrina Social da Igreja compõe um acervo de ensinamentos do Magistério extraordinário e ordinário da Igreja. Trata-se de um acervo aberto que se vai ampliando a cada conjuntura histórica. O Papa Francisco avançou de modo original na construção desse ensinamento secular. Seus documentos e, sobretudo, suas encíclicas sociais deixam um legado para a Igreja na era da globalização e da consciência das urgências da sobrevivência e da convivência planetárias. A partir desse legado o Papa Leão XIV dará sua contribuição para o discernimento evangélico da realidade atual.

Os ensinamentos sociais no planeta em crise

Desde que assumiu o papado em 2013, Francisco, primeiro Papa latino-americano e jesuíta, podemos dizer que redefiniu o papel da Igreja Católica no mundo contemporâneo através de um magistério social marcado pela urgência profética e radicalidade evangélica. Seu pontificado, atravessado por crises globais, das migrações em massa às mudanças climáticas, da pandemia aos conflitos geopolíticos, consolidou-se como voz moral obrigatória, articulando fé e justiça social de modo inovador. Francisco se destacou por sua abordagem pastoral que buscou verdadeiramente conectar a fé católica à vida cotidiana dos fiéis, especialmente dos pobres, dos colocados à margem, dos invisíveis.

Francisco herdou uma Igreja em crise de credibilidade, mas transformou-a em protagonista nos grandes debates desta época. Suas encíclicas, exortações e discursos refletem uma visão da Igreja como "hospital de campanha", voltado para as periferias existenciais e geográficas, mas seu ensinamento social não se limitou a documentos. Teremos sempre que falar de um estilo pastoral que privilegia gestos concretos, como lavar os pés de jovens detentos ou visitar favelas, sempre ir ao encontro daqueles que estão à margem, as populações periféricas, com uma linguagem direta que desafiou poderes estabelecidos. Teremos sempre que ler Francisco quando ele não falou, as "encíclicas dos gestos".

Na encíclica *Laudato si'* (2015), ele revolucionou o ambientalismo ao vincular a degradação ecológica à exclusão social, denunciando o "paradigma tecnocrático" que reduzia tanto a natureza quanto os seres humanos a mercadorias. O conceito de "ecologia integral", central no documento, que une justiça climática, equidade econômica e espiritualidade, tornou-se referência para movimentos globais, influenciando até mesmo a ONU.

Seu diagnóstico sobre as economias contemporâneas é implacável. Na exortação *Evangelii gaudium* (2013), definiu o sistema atual como "economia que mata", acusando o neoliberalismo de gerar "exclusão e desigualdade social como subproduto inevitável". Seus frequentes ataques à "cultura do descarte", que trata idosos, pobres e imigrantes como sobras, e sua defesa de "terra, teto e trabalho" como direitos universais. Francisco propôs uma ética econômica baseada na dignidade humana, no acesso universal aos bens e na rejeição à cultura do descarte.

A pandemia acelerou sua crítica ao individualismo. Nunca esqueceremos de Francisco sozinho naquela praça de São Pedro, unindo o mundo todo na oração solidária e solitária do pastor que não deixava só o seu rebanho e alimentava, na tempestade, a Esperança da cura. Em *Fratelli tutti* (2020), propôs uma refundação ética da globalização baseada na fraternidade, atacando tanto o populismo xenófobo quanto o capitalismo desregulado. Seu apelo por uma "política melhor", que não fosse refém de mercados, e sua condenação à indiferença diante de migrantes que morriam no Mediterrâneo ou diante da vergonha de um muro na fronteira EUA-México marcaram seu ativismo diplomático.

Francisco atuou como mediador em conflitos, como na guerra na Ucrânia, defendendo o diálogo e condenando o comércio de armas. Seu apelo pelo fim das "guerras em pedaços" (como no Iêmen e na Síria) ecoou sua crítica à "terceira guerra mundial fragmentada". Seu impacto transcendeu o mundo católico. Da mediação na crise venezuelana ao apoio ao tratado de proibição de armas nucleares, sua diplomacia insistiu no diálogo mesmo em cenários polarizados. Críticos o acusaram de ingenuidade ou excessivo "progressismo", mas sua influência inspirou, por exemplo, o movimento *Economia de Francisco*, que reuniu jovens economistas comprometidos com a busca de uma nova economia justa, gerando um movimento que se espalha por tantos países. Francisco pressionou governos em temas como a dívida dos países pobres e aquecimento global.

A análise contemporânea do magistério social do Papa Francisco revela a relevância de suas mensagens em um mundo onde os desafios sociais são cada vez mais complexos e interconectados. Sua rejeição ao neoliberalismo e sua ênfase na economia que serve as pessoas, em vez de priorizar o lucro e a acumulação de riqueza, são também aspectos centrais de seu ensinamento. O magistério social do Papa Francisco lançou luz sobre a esperança que ele representa para a construção de uma sociedade mais solidária, que valoriza a dignidade de cada indivíduo e a busca do bem comum. É evidente que, para o Papa, a fé deveria sempre se traduzir em ação, e é através desse compromisso que sua visão social ganhou força e relevância no cenário atual.

Os temas centrais do magistério social

A obra do Papa Francisco no campo do magistério social foi marcada por temas centrais que moldaram sua perspectiva da justiça e da convivência humana.

Justiça social

A noção de justiça social permeia o magistério social do Papa Francisco, refletindo uma preocupação contínua em promover uma sociedade mais equitativa e compassiva. Para o Pontífice, a justiça social não era meramente um princípio teórico, mas sim um imperativo moral que deveria guiar as ações individuais e institucionais. Isso se revelaria na ênfase que Francisco colocaria sobre a necessidade de se garantir os direitos de todos, especialmente dos mais vulneráveis e marginalizados. A sua mensagem vibra em consonância com a Doutrina Social da Igreja, que exorta os fiéis a reconhecerem a dignidade intrínseca de cada pessoa, independentemente de sua origem socioeconômica ou situação social.

Dentro desse contexto, a justiça social é destinada a corrigir as desigualdades estruturais e promover a inclusão como uma resposta ao clamor dos empobrecidos. O Papa frequentemente destacou que a solidariedade e a prioridade do bem comum são condições necessárias para a edificação de uma sociedade justa. Ele convoca não apenas indivíduos, mas também governos e instituições a trabalharem em conjunto para criar políticas que abordem questões como a pobreza, a discriminação e a exclusão social. Por meio de discursos e documentos, Francisco reforçou em seus documentos e discursos a importância de um sistema econômico que não apenas vise ao lucro, mas que também buscasse o bem-estar de todos, enfatizando a responsabilidade moral que a cada um cabe na construção de um futuro com mais igualdade. A mensagem de Francisco oferece uma resposta provocativa a um mundo marcado por desigualdades crescentes. O apelo à justiça social está intrinsicamente ligado ao seu chamado mais amplo à conversão, não apenas pessoal, mas também social. A transformação deve ir além do individualismo e da indiferença, impulsionando um espírito de empatia e ação coletiva. Neste sentido, a obra do Papa não apenas identifica problemas, mas oferece um caminho claro em direção a soluções viáveis, incentivando uma nova ecologia social onde a equidade e a justiça são prioridades inegociáveis. Assim, a justiça social torna-se um pilar fundamental da proposta de Francisco, um convite a todos para que participem ativamente na construção de uma sociedade mais justa e inclusiva.

Solidariedade

A solidariedade, um dos princípios basilares do magistério social do Papa Francisco, ressoa profundamente nas suas mensagens e ações, refletindo uma visão de interconexão entre todos os seres humanos. O Pontífice enfatiza a importância de não apenas sentir empatia pelos outros, mas também de agir em prol da justiça e do bem-estar comum, um chamado para ir além das palavras. Em suas encíclicas, particularmente em *Fratelli tutti*, ele nos convida a criar uma cultura do encontro, onde as relações interpessoais se tornam um espaço de acolhimento, especialmente para os marginalizados, incentivando uma compreensão mais ampla e inclusiva da família humana.

No coração da solidariedade franciscana está a ideia de que a verdadeira bondade não pode ser apenas um sentimento passivo; ela exige ação e responsabilidade. O Papa destaca que a solidariedade é intrinsecamente ligada à justiça social, pois, ao nos unirmos em defesa dos oprimidos, promovemos não apenas um alívio imediato, mas também a construção de estruturas que eliminem as causas das injustiças. Essa interdependência entre solidariedade e justiça é um reflexo da dialética do amor cristão, que convida os fiéis a se comprometerem ativamente na luta contra a pobreza, a desigualdade e a exclusão. A solidariedade, portanto, é mais do que um ato de caridade; é um imperativo ético que requer de cada um de nós um engajamento comprometido em criar um mundo mais equitativo.

A abordagem de Francisco ao tema ultrapassa as fronteiras da Igreja Católica, propondo uma interlocução ampla com líderes de outras religiões e setores da sociedade civil. A crise global, intensificada por fenômenos como a pandemia de Covid-19, serviu, segundo o Papa, como uma oportunidade para reavaliarmos a autenticidade de nossa solidariedade e a eficácia de nossas ações. Ele defende a construção de um novo paradigma econômico e social que priorize o ser humano em detrimento do lucro, ressaltando a relevância da solidariedade como um alicerce para a paz duradoura. Assim, a solidariedade emerge não apenas como uma resposta a crises, mas como um estilo de vida que deve ser cultivado cotidianamente, envolvendo atos concretos e um compromisso coletivo de transformação social. Essa visão amplia os horizontes do magistério social, apontando caminhos para uma convivência pacífica e harmoniosa, onde a dignidade e os direitos de todos sejam efetivamente respeitados e promovidos.

Cuidado com a Criação

O magistério social do Papa Francisco introduziu um forte compromisso com o conceito de "Cuidado com a Criação", um chamado à ação que ressoa tanto nos círculos eclesiais quanto nas discussões globais sobre sustentabilidade ambiental. Para o Papa, o cuidado por nossa Terra não é apenas uma questão de preservação ambiental, mas um imperativo moral que nos convida a refletir sobre a interconexão entre a humanidade e o mundo natural. Em sua encíclica *Laudato si'*, ele delineia uma visão abrangente, que exorta as comunidades a adotarem uma abordagem holística em relação ao meio ambiente, envolvendo tanto a prática quotidiana quanto políticas públicas que promovam uma convivência harmônica entre os seres humanos e a criação. Ele nos ensinou a chamar nosso planeta de "casa comum".

A proposta do Papa Francisco foi de enfatizar a relação interdependente entre o ser humano e a natureza, sublinhando a necessidade de uma conversão ecológica que desafie os padrões de consumo desenfreados e a exploração irresponsável dos recursos naturais. Ele argumenta que a degradação ambiental está intrinsecamente ligada a questões de justiça social e econômica, onde os mais vulneráveis sofrem desproporcionalmente os efeitos das crises climáticas e da degradação da biodiversidade. Essa interseção nos leva a compreender que o ato de cuidar da criação transcende o simples ato de plantar árvores ou reduzir o uso de plásticos; exige um engajamento ativo em processos que promovam a equidade, a inclusão e um desenvolvimento sustentável.

Assim, ao integrar o cuidado da criação em sua mensagem social, o Papa nos convida a ver o mundo com uma nova perspectiva. As comunidades são instadas a se tornar agentes de mudança, a inovar em práticas de cultivo sustentável, a revitalizar a economia através de iniciativas verdes e a promover estilos de vida que respeitem os limites do planeta. O magistério do Papa Francisco sobre o cuidado com a criação não busca apenas reformar atitudes individuais; é um apelo à transformação coletiva que reverberará através das gerações, lembrando-nos que o futuro da Terra e de suas criaturas está entrelaçado à maneira como escolhemos viver hoje.

Dignidade humana

A dignidade humana, princípio fundamental da Doutrina Social da Igreja, é um conceito central na reflexão ética e social promovida pelo Papa Francisco. Em seus pronunciamentos e escritos, o Papa enfatiza que a dignidade inata do ser humano não é apenas um princípio filosófico, mas uma realidade a ser vivida nas interações cotidianas e na construção de uma sociedade mais justa. Ele argumenta que cada pessoa, independentemente de seu status social, religião ou origem, possui um valor intrínseco que deve ser respeitado e promovido. Essa abordagem se reflete em sua insistência em combater a cultura do descarte, que marginaliza e desumaniza diversos grupos, como os refugiados, os pobres e os enfermos.

Ao promover a dignidade humana, o Papa Francisco também convocava a sociedade a reconhecer os direitos fundamentais que devem ser garantidos a todos. Para ele, a dignidade não se limita a uma noção abstrata; ao contrário, está intimamente ligada a direitos tangíveis, como o direito à educação, à saúde e ao trabalho digno. Em suas intervenções, Francisco frequentemente faz um chamado à solidariedade, destacando que o respeito pela dignidade do outro exige ações que visem à inclusão social e à justiça econômica. Esses direitos são essenciais para que os indivíduos possam participar ativamente da vida comunitária e exercer sua liberdade de maneira plena.

Além disso, o Papa destaca a importância da dignidade humana dentro do contexto das relações sociais e econômicas. Em uma era marcada por desigualdade e injustiças sistêmicas, ele convocou os líderes e cidadãos a promoverem uma economia que priorize as pessoas em vez do lucro. Nesse sentido, a dignidade humana se torna um ponto de partida para repensar modelos econômicos que perpetuam a exclusão e a pobreza. A visão franciscana sugere que o respeito pela dignidade deve permear todas as esferas da vida, guiando políticas públicas, práticas empresariais e ações comunitárias, reforçando que somente através do reconhecimento e da promoção da dignidade de cada ser humano podemos pautar um caminho efetivo para a construção de um futuro mais solidário e justo.

Conclusão

Ao longo de sua liderança, Francisco fez um chamado a todos, não apenas aos católicos, mas a toda a sociedade, a adotar uma abordagem mais compassiva e inclusiva diante das crises contemporâneas, sejam econômicas, ambientais ou políticas. Sua insistência em uma "cultura do encontro" serve como um chamado à ação, instigando a comunicação e o diálogo entre diferentes grupos, especialmente os marginalizados, que muitas vezes são esquecidos em debates sociais e econômicos.

Essa visão é sustentada pela convicção de que a solidariedade e a subsidiariedade são fundamentais para a construção de uma sociedade justa. O Papa não se furtou a abordar questões complexas, como a pobreza extrema e as desigualdades globais, enfatizando a necessidade de práticas econômicas que atendam ao bem comum. Ele apresenta uma crítica contundente ao capitalismo desenfreado, que, segundo ele, exacerba a exclusão e a degradação ambiental. Suas intervenções públicas e documentos, como a encíclica *Laudato si'*, têm sido essenciais para mobilizar uma consciência global sobre a crise climática, evidenciando que o cuidado com a criação é intrinsecamente ligado à justiça social.

Em suma, o magistério social do Papa Francisco transcendeu a mera retórica religiosa; é uma proposta de transformação que apela à consciência coletiva e individual. Sua abordagem única e pastoral propõe que a busca por um mundo fraterno e sustentável começa com ações concretas que envolvem não apenas a comunidade católica, mas todos os agentes sociais. Ao olhar para o futuro, as lições e os princípios promovidos por Francisco devem servir não apenas como um guia, mas como um imperativo moral, instigando a sociedade a revisar sua relação com os mais vulneráveis e o planeta. Assim, ao refletir sobre o impacto de seus ensinamentos, observa-se um chamado que desafia cada um a se comprometer com a construção de um legado de dignidade, justiça e respeito mútuo, elementos essenciais para a humanidade em busca de utopias realizáveis.

O magistério de Francisco reafirmou fortemente a opção preferencial pelos pobres, atualizando a Doutrina Social da Igreja para o século XXI. Seu legado será a tentativa de transformar a Igreja e o mundo em um espaço mais compassivo, onde ninguém fosse descartado.

Na verdade, o legado social de Francisco ainda está em construção, mas seu eixo é claro: uma Igreja que abandona fortalezas morais para se fazer "periferia", onde os últimos são primeiros. Num mundo em convulsão, seu magistério oferece não respostas fáceis, mas um caminho: o da misericórdia ativa, da indignação ética e da esperança teimosa.

6
A IGREJA INCLUSIVA: CONVERSÃO E AMOR

Leomar Nascimento de Jesus

Introdução

Uma Igreja radicalmente inclusiva. Esse é um dos principais legados do Papa Francisco. A comunidade cristã não pode ser exclusivista, sob pena de trair a si mesma enquanto seguidora de Jesus Cristo. As posturas e os ensinamentos de Francisco deixaram para a posteridade um ensinamento centrado na misericórdia, que tem sua fonte no próprio Deus, o qual se fez carne e incluiu em si toda carne humana, a condição humana em sua totalidade e sem exceções. A comunidade cristã é inclusiva, antes de tudo, por essa razão de fé, e não somente por razões sociais ou políticas. Papa Francisco afirma que a Igreja deve ser inclusiva na sua mentalidade e na sua prática: deve incluir todos, todos, todos!

A partir dessa fé, a Igreja está convocada a superar todas as formas de exclusão por preconceitos sociais, de raça, cor, nacionalidade e gênero. A igualdade de todos os filhos e filhas de Deus deve ser traduzida em amizade social e política e em comunidades católicas inclusivas. Os sujeitos homossexuais, bem como tantas outras categorias de pessoas que não se enquadram num modelo antropológico cisgênero e heterossexual (cis-heterossexual), fazem parte daqueles que devem ser incluídos nas comunidades.

Francisco confrontou uma tradição moral e pastoral exclusivista, especialmente no quesito "moral sexual". Perguntado sobre um suposto "lobby gay" na Igreja, ele não apenas questiona tal suposição como também provoca com outra pergunta: "Se uma pessoa é gay, busca o Senhor de todo o coração, quem sou eu para julgar?" Havia algo realmente novo nessa postura.

Desde então, o Papa, "vindo do fim do mundo", se destacou por adotar uma abordagem pastoral que, embora enraizada nos princípios do Magistério da Igreja, revelou uma sensibilidade incomum ao tratar de temas como diversidade sexual e de gênero. Ao longo de seu pontificado, seus gestos, palavras e iniciativas foram decisivos para romper com um tabu moral milenar e para promover uma nova reflexão sobre como a Igreja deveria relacionar-se com a comunidade daquelas pessoas que hoje conhecemos como lésbicas, gays, bissessuais, trans, entre outras.

E Francisco não recuou perante as reações homotransfóbicas naturalizadas na sociedade e na própria Igreja. Sua postura evangelizadora ensinou que antes de tudo está a "pessoa", independentemente de sua orientação sexual, e que tais indivíduos são sujeitos de direito na sociedade e de dignidade na comunidade eclesial. O Papa entrou de cabeça e de coração nesse campo minado pelo pré-conceito que, ao longo da história, foi fundamentado por uma moral condenatória, centrada no princípio de uma lei natural cisgênera e heteronormativa.

É necessário observar que se trata do legado mais sensível deixado por Francisco para o novo Papa e para o conjunto da Igreja. O fato histórico da emergência de tais sujeitos na sociedade, por meio de movimentos e de conquistas políticas e legais, foi acolhido por Francisco como um desafio atual para a Igreja, antes mesmo que uma reflexão teológico-moral viesse oferecer novas referências ou grandes sistematizações. No paradigma teológico franciscano, o imperativo da misericórdia exige inclusão radical. A partir dessa teologia fundamental e simples, decorrem os desafios da inclusão eclesial de todos os batizados e batizadas.

Este ensaio pretende analisar o legado do Bispo de Roma (2013-2025) para a comunidade de tais batizados e batizadas, a partir de alguns de seus gestos, declarações e documentos, evidenciando que o conjunto dessas ações será um marco na história da Igreja. A eleição do Papa Leão XIV abre um novo capítulo nessa história, em que se espera a continuidade do processo de abertura e diálogo iniciado por seu antecessor.

"Elas" e "Eles" estão em toda parte: um fato histórico e eclesial

A presença de pessoas com orientações e identidades sexuais diversas é uma constante histórica e cultural. Em todas as épocas e civilizações, encontramos registros de experiências homoafetivas e transgêneras – ainda que não nomeadas ou compreendidas como tais. Desde meados do século XX, impulsionada por movimentos sociais feministas e por dissidentes do modelo cis-heterossexual, bem como por uma crescente conscientização global sobre direitos humanos, essa presença tem ganhado maior visibilidade social, política e midiática. A sigla LGBTQIA+ – constantemente ampliada por outras letras – tornou-se símbolo de uma luta por reconhecimento, dignidade e cidadania dessas pessoas. Elas e eles, aqui também chamados de "dissidentes afetivo-sexuais", estão em todos os espaços: nas universidades, no trabalho, nas artes, nas ruas – e também nas igrejas.

Mesmo diante de ataques e exclusão, batizados e batizadas divergentes do modelo cis-heterossexual seguem buscando voz e participação. Na esteira de movimentos da diversidade, católicos ou não, iniciados na segunda metade do século XX, especialmente nos

Estados Unidos, emergiram também no Brasil grupos e/ou coletivos formados por tais sujeitos eclesiais, que se reúnem para rezar, partilhar suas dores e buscar uma conciliação entre sua fé e sua identidade. Muitos desses grupos encontram forte apoio de aliados, inclusive dentro da hierarquia católica. O lançamento, em 2007, no Rio de Janeiro, de um site dedicado a disponibilizar diversos subsídios com o intuito de conciliar diversidade sexual e de gênero com a vivência cristã (de modo especial no âmbito católico romano) tornou-se um marco para o desencadeamento de solicitações por encontros presenciais regulares de batizados e batizadas.

Tais iniciativas e solicitações evoluíram para grupos presenciais, inicialmente na capital fluminense e, depois, espalhando-se por diversos estados do Brasil. Hoje, existem cerca de 25 coletivos ligados à Rede Nacional de Católicos LGBTQIA+. Eles se efetivam como espaços seguros de vivência comunitária, de leitura bíblica e de espiritualidade inclusiva, o que tem provocado novas perguntas teológicas e alimentado experiências de pertença eclesial. Foi justamente a partir do pontificado de Francisco que a média de participantes nesses encontros cresceu sensivelmente, indicando uma busca por acolhimento e diálogo dentro da Igreja. O que antes era resistência isolada tornou-se rede de comunhão, fortalecendo a fé e a esperança dessas pessoas. As posturas de Francisco deram maior legitimidade para essas comunidades que pretendem viver a subjetividade eclesial como todos os batizados inseridos no Corpo de Cristo, que é a Igreja.

Esse movimento vai ao encontro do que o Papa Francisco expressa em *Fratelli tutti* (n. 8), quando afirma que ninguém enfrenta a vida sozinho e que todos precisamos de uma comunidade que apoie e anime nossos sonhos. Ele convoca a humanidade – cada um com sua fé, sua voz e sua dignidade – a caminhar como irmãos e irmãs. O crescimento da visibilidade eclesial de tais batizados e batizadas, com seus clamores, sofrimentos e esperança de pertença, representa, assim, uma interpelação evangélica, um "sinal dos tempos" que a Igreja não pode ignorar.

Todo seu protagonismo diz respeito, portanto, a um fenômeno social e histórico, mas também profundamente teológico. São pessoas batizadas, com sede de uma vivência profunda de sua fé, sem negar sua condição de dissidentes do modelo cis-heterossexual. São fiéis católicos que continuam aproximando-se, mesmo tendo sido empurrados para fora, por discursos de exclusão. Entre eles e elas, há vários que se têm esmerado no estudo das áreas de Filosofia, Teologia, Psicologia, entre outras. Muitos têm levantado a voz para reivindicar sua cidadania católica. Alertam, com razão, que a doutrina tradicional pouco tem dialogado com os avanços das ciências humanas, da exegese e da própria experiência vivida em seus corpos dissidentes. Denunciam que a Igreja acaba perpetuando discursos que consideram suas existências "intrinsecamente desordenadas", mesmo diante de tantos de seus testemunhos de fé e compromisso evangélico. A desconexão entre a doutrina moral católica e a vida real dessa população gera sofrimento e impede uma compreensão mais profunda da diversidade humana à luz da fé.

Por isso, a coragem do Papa ao escutar essas vozes e acolher sua presença como parte legítima da vida da Igreja representa um passo pastoral significativo – uma ruptura sem precedentes com um tabu moral milenar. Com isso, não se quer dizer que a Igreja não tenha falado sobre sexualidade e, mais especificamente, sobre aquilo que ela chama de "homossexualidade". Especialmente a partir do Concílio Vaticano II, ela tem falado bastante. Entretanto, frequentemente continua vendo qualquer dissidência do modelo cis-heteronormativo como anormal, intrinsecamente desordenado ou, no mínimo, como um fenômeno apenas digno de misericórdia.

Francisco vai além de tais fronteiras, sobretudo ao se dirigir a tais batizados e batizadas, despojando-se das velhas tendências de invisibilizar, punir ou simplesmente considerá-las como pessoas dignas de compaixão (pelo simples fato de serem dissidentes de um modelo cis-heterossexual). Ao agir assim, Francisco revela sensibilidade às contradições do nosso tempo e fidelidade ao Evangelho da misericórdia, reconhecendo a presença de Deus ali onde muitos só enxergam pecado.

Palavras, gestos e documentos de Francisco: da doutrina à prática pastoral

O Papa Francisco esteve atento às interpelações de todos que se encontram em situação de marginalidade, quer se trate de periferias geográficas, quer se refira a periferias existenciais. Com tudo o que se disse até aqui, a comunidade LGBTQIA+ integra ambas, sofrendo ainda mais quando se interseccionam outras vulnerabilidades como pobreza, identidade de gênero feminina, raça, idade e deficiência.

Sua famosa declaração, durante o voo de retorno da JMJ de 2013, repercutiu mundialmente, marcando a primeira vez que um Papa falava sobre homossexualidade com humanidade, sem tons condenatórios ou paternalistas. Essa postura de abertura e acolhimento se materializou em diversos encontros e declarações do pontífice.

Em 2015, por exemplo, Francisco acolheu o transexual Diego Neria e sua companheira Macarena, escutando suas dores e oferecendo dignidade. Em 2020, recebeu um grupo de pessoas trans acompanhadas por um padre italiano, com as quais conversou e abençoou pessoalmente, demonstrando uma proximidade também expressa em suas afetuosas respostas a cartas de detentos trans de um presídio argentino.

Em setembro de 2020, encontrou-se com pais da associação italiana "Tenda di Giornata", que lutam pelo reconhecimento da diversidade de seus filhos. Maria Grassi, vice-presidente da associação e mãe de um jovem homossexual, relatou com grande emoção as palavras do Papa: "Seus filhos são amados pelo Papa exatamente como são, pois são filhos de Deus".

Durante sua viagem à Hungria e à Eslováquia, em setembro de 2021, ao ser questionado sobre a demanda da União Europeia por uma legislação que permitisse o matrimônio homoafetivo, o Papa Francisco reiterou a doutrina católica sobre a indissolubilidade do sacramento do matrimônio. Contudo, sinalizou uma perspectiva de avanço ao reconhecer a importância de leis civis para proteger as uniões de pessoas com "orientação sexual diversa", desde que não se confundam com a natureza do matrimônio católico.

Ademais, em fevereiro de 2023, durante o retorno de sua viagem à República Democrática do Congo e ao Sudão do Sul, o Papa Francisco se posicionou, de forma contundente, contra a criminalização da homossexualidade, denunciando as leis que punem relações entre pessoas homossexuais como uma injustiça e um pecado e reafirmando que pessoas homossexuais são filhos de Deus, amadas por Ele.

Outro momento marcante que viralizou na internet em abril de 2023 ilustra essa postura de acolhimento. Na conversa com uma jovem cristã não binária, que questionou sobre o espaço para pessoas como ela na Igreja, o Papa Francisco respondeu enfaticamente que toda pessoa é filha de Deus e que a Igreja não pode fechar as portas para ninguém, independentemente de sua identidade.

Mais recentemente, durante o funeral de Francisco, a freira franco-argentina Ir. Geneviève Jeanningros, de 81 anos, emocionou o mundo ao quebrar o protocolo e chorar ao lado do caixão do Bispo de Roma. Amiga próxima do Papa, Ir. Geneviève é conhecida por seu trabalho com pessoas em situação de marginalidade, incluindo pessoas homossexuais e transgêneras, muitas das quais ela conduziu para receber a bênção de Francisco.

Esses encontros, gestos e declarações do Papa revelam uma prática consistente de escuta, proximidade e valorização da dignidade humana, privilegiando a misericórdia em temas sensíveis.

No âmbito dos documentos, também se percebem sinais de evolução. Em 2018, a sigla LGBT apareceu pela primeira vez em um documento eclesial, o do Sínodo dos Jovens.

Os ensinamentos inclusivos de Francisco têm um marco definitivo na Exortação Apostólica *Amoris laetitia* (AL). Ali o Papa lança as bases e orientações para que sejam superadas todas as formas de exclusão dos casais considerados irregulares na Igreja e ressalta a importância da tomada de consciência dos fiéis no processo de discernimento, acolhida e integração dos irregulares na comunidade, incluindo pessoas em segunda união, e ressaltando a importância da consciência dos fiéis, a Exortação institui um paradigma da inclusão radical pautada na misericórdia; oferece princípios e indicações que conclamam todas as comunidades a superarem as posturas morais exclusivistas e legalistas. Todas as comunidades são convocadas a serem inclusivas ou a se educarem para essa missão essencialmente cristã.

Mais recentemente, a declaração *Fiducia supplicans* (2023) autorizou a possibilidade de bênçãos a casais em situação irregular, incluindo homoafetivos, fora de ritos litúrgicos formais. Apesar das reações adversas, o documento representa um marco teológico e pastoral ao distinguir bênção de reconhecimento formal, abrindo caminho para o cuidado espiritual e o reconhecimento do desejo de muitos casais por uma palavra de Deus em suas vidas afetivas.

A análise desse paradigma pastoral revela diferentes interpretações. Para muitos estudiosos, a abordagem de Francisco não o qualifica como um Papa "progressista" (no sentido de questionar normas estabelecidas). Paralelamente, há questionamentos sobre possíveis inconsistências entre seu discurso e a manutenção de visões tradicionais em doutrina e disciplina, como nas questões do matrimônio homoafetivo (*AL*, 52) e da ordenação de padres gays.

Nesse contexto de diversas análises, a perspectiva do padre jesuíta James Martin oferece uma visão importante. Ele argumenta que a atuação do Papa Francisco, embora possa parecer ambígua para alguns, deve ser entendida como um acompanhamento pastoral gradual, respeitando os limites de uma instituição milenar e evitando declarações drásticas. Martin destaca os "pequenos passos" de Francisco, como a pergunta "Quem sou eu para julgar?", o encontro com Yago Grassi e seu companheiro e a ênfase na dignidade humana na *Amoris laetitia*.

Em suma, o Papa Francisco se apresentou como um líder que não se esquiva de temas polêmicos, buscando encará-los com seriedade e humanidade, priorizando as pessoas concretas sobre as estruturas. Essa priorização representou uma virada simbólica significativa, onde a existência de batizados e batizadas que não se enquadram no modelo antropológico cis-heterossexual deixa de ser invisibilizada ou meramente tolerada para ser reconhecida como parte da Igreja peregrina, com palavras, gestos e documentos carregados de uma força simbólica que redefine práticas e esperanças.

Entre resistências e possibilidades de transformação eclesial

A postura do Papa Francisco trouxe um novo alento aos ambientes eclesiais. Isso foi especialmente sentido por pessoas LGBTQIA+, na linha de frente da luta por sua plena integração na Igreja. Sua abertura também criou espaço para discussões e práticas pastorais menos preconceituosas sobre diversidade sexual e de gênero.

No entanto, essa mesma abertura gerou forte reação. Grupos conservadores viram nessas pautas uma ameaça à "verdadeira Igreja". A pressão desses setores aumentou. Tradicionalistas e grupos sectários de inspiração católica, que negam a validade do Concílio Vaticano II, se manifestaram. Frequentemente, alinhados com a extrema-direita política, eles questionaram a autoridade do Papa, e chegaram a acusá-lo de heresia. Alguns o chamaram de antipapa e atuaram de forma agressiva contra seu magistério. O projeto de reforma da Igreja foi alvo de ataques, principalmente nas redes sociais, alcançando católicos da base.

A carta "Dubia", de quatro cardeais, exemplificou essa tentativa de frear a abertura promovida pelo Bispo de Roma. Francisco não deixou de responder a esses ataques. Ele denunciou o que chamou de "mundanismo espiritual" (*Evangelii gaudium*, 93). Para ele, isso se manifesta como moralismo sem caridade e legalismo desumanizador. A verdadeira fidelidade à tradição não é apego inflexível ao passado, mas é diálogo com a história. É sensibilidade diante do sofrimento real das pessoas. O Papa não nega a doutrina. Ele muda o ponto de partida. Não é mais a norma, mas a vida concreta dos seres humanos. Francisco toca em algo profundo. De alguma forma, ele obriga a Igreja a se autoexaminar. A pergunta é se a Igreja está, de fato, sendo sinal do Reino.

Haverá, sem dúvida, um "antes" e um "depois" de Francisco. A Igreja Católica ainda tem grande influência geopolítica, especialmente no Ocidente. A morte de um Papa e a eleição de outro são eventos impactantes. Houve quem comemorou a morte do papa reformador. Outros estão sentindo a perda de um Papa considerado acolhedor e santo. O mundo atual presencia a ascensão do conservadorismo político e religioso com suas pautas excludentes. Os ensinamentos de Francisco permanecerão iluminando o mundo.

A grande questão é sempre sobre o futuro. A transformação eclesial continuará, apesar da resistência? As reformas iniciadas por Francisco serão aprofundadas pelo conjunto da Igreja sob a liderança de Leão XIV? Só o tempo dirá. Acredito que as sementes plantadas por Francisco podem vingar e produzir frutos. Talvez ele não tenha mudado a doutrina, mas mudou o clima, tocou os corações.

Seu gesto foi profético, não por trazer novas lições doutrinais, mas por confrontar o moralismo legalista e a hipocrisia, por desafiar o preconceito institucionalizado, por questionar o medo de perder o controle. Sua abertura encoraja novas perguntas, dá coragem para o testemunho público e chama a Igreja a uma nova conversão, que seja pastoral, afetiva e inclusiva.

À guisa de conclusão

Jesus disse que os publicanos e as prostitutas precederiam os fariseus no Reino (Mt 21,31). Francisco levou isso a sério. Por isso, é amado por muitos e rejeitado por outros tantos. Como Jesus, é sinal de contradição em mundo marcado por polarizações.

Quais, então, seriam os principais pontos do legado de Francisco neste processo que ele desencadeou de ruptura com uma postura moral milenar, que é a abordagem mais aberta e dialógica com a questão da diversidade sexual e de gênero, assim como de outros temas relacionados à moral sexual? A quais conclusões poderíamos chegar?

Para responder a essa questão, podemos destacar primeiramente que Francisco proporcionou uma grande mudança no tom e na linguagem. Ele inaugurou uma abordagem muito mais acolhedora e pastoral em relação aos considerados irregulares na Igreja, aos homossexuais, pessoas trans e outros dissidentes afetivo-sexuais. Sua famosa frase "Quem sou eu para julgar?", suas declarações e gestos de proximidade com esta comunidade sinalizam uma nova postura de acolhimento.

Além disso, Francisco colocou a pessoa humana no centro da vida da Igreja. Ele destacou a importância de acolher as pessoas em suas realidades concretas, suas histórias e experiências, deixando um pouco de lado a preocupação excessiva com normas e julgamentos morais. Inspirado pelo próprio Jesus, que priorizava os mais vulneráveis,

Francisco deixa claro que a Igreja deve colocar as pessoas em primeiro lugar, especialmente aquelas historicamente marginalizadas.

Outro aspecto importante do legado do Papa são os sinais claros de abertura e diálogo, enfatizando a misericórdia e a inclusão como princípios fundamentais da ação pastoral. Seu pontificado criou espaços significativos para debates dentro da Igreja sobre questões ligadas à sexualidade e ao gênero, como ficou evidente nos sínodos recentes sobre a Juventude, a Família e na preparação do Sínodo sobre a Sinodalidade, permitindo que muitas comunidades locais criassem ambientes mais seguros e acolhedores para pessoas dissidentes do paradigma cis-heterossexual.

É claro que seu legado também trouxe desafios e ambiguidades. Internamente, ele enfrentou tensões entre setores ditos conservadores e progressistas da Igreja. Entretanto, como afirmado anteriormente, nunca fugiu das questões difíceis, sempre as enfrentando com coragem, diálogo e discernimento.

O que o Papa propôs não é menos Evangelho, é mais Evangelho. Não é uma concessão moderna, mas um retorno à prática do Nazareno. Num tempo de muros e exclusões, ele ergue pontes. Num tempo de dogmatismos endurecidos, ele ofereceu escuta e ternura. Ele devolveu às pessoas o lugar de filhos e filhas, sem exigir delas que escondam quem são.

Como não reconhecer aqui um autêntico "sinal dos tempos"? A história futura da Igreja mostrará se essa janela que se abre será plenamente aproveitada. Mas uma coisa já é certa: Francisco já mudou o ambiente eclesial, e isso pode ser irreversível. Mais que Papa, tornou-se símbolo. Mais que reformador, tornou-se ponte. E seu legado, ainda que incômodo para alguns, já abriu portas que não se fecharão mais. Resta à toda Igreja superar os preconceitos ou deixar-se converter pelo amor.

7
DESAFIOS PARA UMA IGREJA SINODAL

Agenor Brighenti

Juridicamente, Francisco poderia ter decidido sozinho o que deixou em aberto e de forma definitiva. No entanto, coerente com uma Igreja sinodal, ele preferiu fazer processo, convidar à conversão e decidir entre todos o que diz respeito a todos. Assim, muito poucas de suas mudanças estão asseguradas juridicamente, ainda que uma reforma do Código de Direito Canônico esteja em andamento. Francisco teria precisado ainda uns dez anos de pontificado para consolidar as mudanças já feitas e outras ainda em processo de implementação.

Com relação à sinodalidade, muito ainda depende do Papa e, portanto, de Leão XIV. Há desafios mais pontuais e concretos, que ficaram pendentes de uma maior discussão, mas que precisam integrar a agenda do novo pontificado, tais como: o grande número de comunidades eclesiais, em todos os continentes, sem acesso à celebração dominical da Eucaristia; a urgência de um novo perfil de seminário para um novo perfil de presbítero; o acesso das mulheres aos ministérios ordenados; a ordenação de presbíteros casados; a participação do Povo de Deus na eleição dos bispos; a efetivação de uma reforma da Cúria Romana como organismo de serviço e não de controle; a obrigatoriedade das Assembleias e Conselhos de Pastoral em todos os âmbitos eclesiais; a sinodalização das Conferências Episcopais Nacionais e das Conferências Continentais; a inclusão dos teólogos e da teologia nos processos de discernimento e tomada de decisões nas Igrejas; a reforma das estruturas da Igreja, em especial, a reconfiguração das Paróquias em uma comunidade de pequenas comunidades; levar adiante a reforma do Código de Direito Canônico, regulamentando as proposições feitas pelo Sínodo; o acolhimento dos católicos em situação irregular, especialmente os casamentos irregulares e as uniões homoafetivas etc.

Mas, há desafios mais de fundo, dos quais dependem os desafios nomeados. São mais complexos e exigentes de serem respondidos, ainda que fundamentais. Poderíamos nomear pelo menos seis desafios mais fundamentais para consolidar uma Igreja sinodal: assegurar a continuidade do processo de recepção do Vaticano II; consolidar o novo perfil do Sínodo dos Bispos, transformado pela Constituição *Episcopalis communio*, em Sínodo da Igreja; consolidar a reforma da Cúria Romana feita pela Constituição *Praedicate Evangelium*; acolher os resultados das Comissões de Estudo encarregadas de aprofundar dez questões importantes na vida da Igreja em relação à sinodalidade; assumir o plano de encaminhamento do processo de implementação das conclusões do Sínodo da Sinodalidade, mais especificamente o Documento Final; continuar abrindo espaço para as mulheres no âmbito da governança da Igreja, desvinculando-a do monopólio do poder por parte dos ministros ordenados.

É importante que o novo pontificado assuma estes desafios, preciosa herança de Francisco, que se levada adiante vai ser um grande passo na consolidação da renovação do Concílio Vaticano II e, consequentemente, de uma Igreja sinodal. Há esperança, pois, em seu primeiro discurso ao Colégio dos Cardeais, o novo Papa Leão XIV assinalou a importância da continuidade do processo sinodal, bem como da recepção do Vaticano II, fazendo inclusive referência à necessidade de superar o clericalismo na Igreja. É um forte indício de continuidade de muitos dos processos iniciados pelo Papa Francisco e deixados em aberto. Isso não deveria depender do Papa, mas o fato é que Francisco reformou a Cúria e não reformou o Primado que, juridicamente, continua centralizador. Em consequência, a continuidade dos processos abertos não está assegurada, apesar de sua necessidade e oportunidade.

A continuidade da retomada da renovação do Vaticano II

A dependência dos processos em andamento em relação à figura do Papa não significa que Francisco tenha feito um pontificado centralizador e personalista, ou que tenha começado a implementar mudanças segundo seu gosto ou ponto de vista pessoal. Na realidade, o pontificado de Francisco não trouxe nada de novo, nem rompeu com a tradição da Igreja, como alguns afirmam. Como na sua chegada havia um processo de involução eclesial de três décadas em relação à recepção do Vaticano II e Francisco desencadeou processos de reforma que resultaram em uma "segunda recepção" do Concílio no novo contexto em que vivemos, para aqueles que já haviam retornado a modos pré-conciliares de ser Igreja, tudo parecia novo e até herético.

Entretanto, a grande novidade de Francisco foi propor uma "segunda recepção" do Vaticano II na perspectiva da tradição eclesial libertadora da Igreja na América Latina e no Caribe, de onde ele era originário. E o fez da maneira como conheceu, viveu e trabalhou na "recepção criativa" feita por Medellín e continuada por Puebla, Santo Domingo e Aparecida. O que para os outros continentes era uma proposta desestabilizadora e, inclusive, para alguns em descontinuidade com a Tradição, para a Igreja na América Latina significava finalmente sermos contemplados nas concepções e práticas de mais de meio século de uma forma de viver o Concílio, que engendrou: a opção preferencial pelos pobres, "que radica na fé cristológica" (Bento XVI); as Comunidades Eclesiais de Base como "célula inicial da estruturação eclesial" (Med 15.10); a Pastoral Social, base do trabalho dos santos mártires pelas causas sociais, entre eles "Romeiro da América"; uma Igreja toda ela ministerial, com o protagonismo dos leigos, especialmente das mulheres; enfim, a opção de fazer das periferias o centro da Igreja, colocando-se ao lado dos que estão no reverso da história.

Com o novo pontificado, o que está em jogo, não é propriamente da continuidade do pontificado de Francisco, mas o processo de recepção do Vaticano II e a continuidade da universalização dos pilares da tradição eclesial libertadora da Igreja na América Latina, que colocou no coração do Vaticano II, o "Pacto das Catacumbas", a opção pelos pobres e pelas periferias. O pontificado de Francisco foi o renascimento de uma esperança, que agora esperamos estar assegurada pelo perfil do Papa recém-eleito. Leão XIV viveu mais de duas décadas na América Latina, na Igreja do Peru, berço da Teologia da Libertação de Gustavo Gutiérrez, bem como da vivência da fé na humildade e no serviço como fizeram Santa Rosa de Lima e São Martinho de Porres. O nome escolhido de Leão faz referência ao Papa Leão XIII, o Papa dos trabalhadores, que tirou do Evangelho social uma Doutrina Social da Igreja, que delata "o cinismo dos satisfeitos" (Cecilio de Lora). Em Leão XIV, os trabalhadores do mundo de hoje, sob a ameaça contínua de uma "economia que mata", fruto de um sistema que é injusto em sua raiz (Papa Francisco), esperam que a "esperança dos pobres" viva (J. Comblin).

No coração da renovação do Vaticano II está a concepção de Igreja como "Povo de Deus", que o Sínodo da Sinodalidade consolidou e que se espera que o novo pontificado reafirme. Parece pouco, mas basta lembrar que desde o Sínodo de 1985, convocado para celebrar os vinte e cinco anos do Vaticano II, mas que na realidade havia quem pretendesse fazer "uma reforma da reforma" do Concílio, se insistia em voltar às categorias da eclesiologia pré-conciliar – "Igreja particular", para designar a diocese – e "Igreja universal", para designar a comunhão da totalidade das dioceses. Com o Vaticano II, o *Documento final* designa: a) a Igreja como "Povo de Deus, um sujeito comunitário e histórico", que se faz presente como a Igreja Católica em cada diocese; b) e a Diocese como "Igreja Local" (DF 11, 70, 116, 117, 119), na comunhão com as demais "Igrejas de Igrejas" Locais, conformando a "Igreja inteira" (DF 11, 131, 134, 136). Fica para trás a terminologia: "Igreja particular" para designar a Diocese, entendida como parcela/parte (e não porção) da Igreja universal; e "Igreja universal", supostamente anterior e exterior às Igrejas Locais. Em todo o Documento, a Diocese é nomeada como "Igreja Local" e o conjunto das Igrejas Locais como "Igreja inteira", superando todo resquício de universalismo. Não é uma questão meramente de linguagem ou semântica, mas eclesiológica, de superação da eclesiologia pré-conciliar pela concepção de Igreja do Vaticano II.

A consolidação do novo perfil do Sínodo dos Bispos como Sínodo da Igreja

Por primeira vez, o antigo Sínodo dos Bispos, transformado pela *Episcopalis communio* (2018) em Sínodo da Igreja, o Sínodo da Sinodalidade foi realizado de baixo para cima, a partir das Igrejas Locais, nos cinco continentes, em um processo em três etapas, uma por ano. Adotou-se uma metodologia indutiva de escuta e discernimento, em vista de uma tomada de decisões conjunta, em uma Assembleia da Igreja inteira junto ao Papa. A Etapa das Igrejas Locais envolveu as paróquias e, estas, suas comunidades, a partir de um roteiro de questões bem abertas, convidando os participantes a uma fala franca e sem censura sobre a caminhada da Igreja. Foi o momento mais participativo do processo, que desembocou em um relatório diocesano enviado às Conferências Episcopais Nacionais para uma síntese, que foi objeto da etapa seguinte – as Assembleias Continentais. Os momentos seguintes, que voltaram a envolver as Igrejas Locais, em geral tiveram uma participação cada vez menor, muitas vezes também sem muito comprometimento do bispo e do presbitério.

O novo perfil do Sínodo dos Bispos foi definido pela Constituição Apostólica *Episcopalis communio* (18 de setembro de 2018). Ela põe este organismo de assessoria ao Primado, criado por Paulo VI em 1965 no final do Concílio, a "serviço de todo o Povo de Deus". Para Francisco, o Sínodo dos Bispos precisa ser "um canal proporcionado mais à evangelização do mundo atual que à autopreservação" (n. 1). Por isso, passou a ser um organismo intimamente ligado ao *sensus fidei* de todo o Povo de Deus, no seio do qual o bispo, além de mestre, se torna também "discípulo, quando, sabendo que o Espírito é concedido a cada batizado, se coloca à escuta da voz de Cristo que fala através de todo o Povo de Deus, tornando-o infalível *in credendo*" (n. 5).

A nova Constituição frisa que o Bispo, como membro do Povo de Deus, é chamado a "caminhar à frente, indicando o rumo, apontando o caminho; a caminhar no meio, para fortalecer o Povo de Deus na unidade; a caminhar atrás, não só para que ninguém fique para trás, mas também, e sobretudo, para seguir a intuição que o Povo de Deus tem para encontrar novos caminhos". Daí, para o Papa Francisco, a necessidade de o Sínodo ser menos de bispos e "tornar-se cada vez mais um instrumento privilegiado de escuta do Povo de Deus", integrado também por "pessoas que não detêm o múnus episcopal" (n. 6). Assim, "aparecerá cada vez mais claro que, na Igreja de Cristo, vigora uma profunda comunhão entre os Pastores e os fiéis, pois cada ministro ordenado é um batizado entre os batizados, constituído por Deus para pastorear o seu Rebanho" (n. 10).

Neste particular, o Documento Final registra: o Sínodo dos Bispos, ainda conservando seu caráter episcopal, pode ter a participação de outros membros do Povo de Deus; é preciso assumir o exercício da autoridade episcopal de modo relacional, sinodal". Entretanto, há quem defenda que o Sínodo da Igreja como um todo, só pode ser um Sínodo de Bispos, tal como ele nasceu. Este Sínodo com a participação e votação do laicato, incluídas as mulheres, teria sido algo extraordinário, mesmo um "pecado contra o Espírito Santo" (Card. Muller) e que o próximo Sínodo precisa retornar ao modo ordinário. Também se acha estranho que o ministério do bispo tenha um perfil sinodal, quando é ele quem decide na Igreja. Mas, a Constituição *Episcopalis communio* mudou o perfil do Sínodo dos Bispos, transformando-o em Sínodo da Igreja, um passo em coerência com a eclesiologia do Vaticano II, que se espera que o novo pontificado faça seu.

A questão de fundo é o exercício do poder na Igreja. Em uma Igreja sinodal, o poder não deriva do sacramento da Ordem, mas se assenta sobre o Batismo. Para o Papa Francisco, tanto na Constituição *Evangelii gaudium* como na Exortação *Querida Amazônia*, os ministros ordenados não têm na Igreja o monopólio do poder, pois ele não deriva do sacramento da Ordem, mas do Batismo.

A efetivação da reforma da Cúria conforme a Constituição *Praedicate Evangelium*

Um dos primeiros atos do pontificado de Francisco foi desencadear um processo de reforma da Cúria romana, que tinha sido um dos pedidos formulados por ocasião da Congregação dos Cardeais que precederam o Conclave de eleição do Papa Francisco, ao novo Papa a ser eleito. O processo levado a cabo pelo próprio Papa e o grupo de cardeais assessores, denominado G8, se prolongou por oito anos e desembocou na Constituição *Praedicate Evangelium*. A reforma transformou a Cúria romana de órgão intermediário entre o Papa e as Igrejas locais em um órgão de apoio a ambos os órgãos. Essa reforma incluiu a participação de mulheres em cargos governamentais, inclusive como presidentes de Dicastérios.

As mudanças efetivadas até agora são pouco perceptíveis, até porque se conservam os prefeitos de Dicastérios até sua jubilação por limite de idade, assim como o quadro de funcionários de cada Dicastério. Além disso, ficou de fora a reforma do Primado, particularmente no que diz respeito a uma "sadia descentralização", mencionada pelo Papa Francisco na *Evangelium gaudium*.

A Assembleia ressaltou que a reforma da Cúria deve continuar, para que seja de fato uma instância de serviço e não um organismo intermediário entre o Papa e as Igreja Locais, mas realmente de serviço e apoio, não de controle. Afirma o Relatório de Síntese: "a reforma da Cúria Romana é um aspecto importante do percurso sinodal da Igreja Católica. A Constituição apostólica *Praedicate evangelium* insiste no fato de que a Cúria Romana não se situa entre o Papa e os Bispos, mas "coloca-se ao serviço de ambos, segundo as modalidades que são próprias da natureza de cada um" (RS 13c).

Impõe-se pensar no exercício do Primado de forma mais sinodal, especialmente com relação ao Colégio Episcopal. Registra o Relatório que "emerge o pedido de instituir um Conselho dos Patriarcas e Arcebispos Maiores das Igrejas Orientais Católicas junto do Santo Padre" (RS 6h). A colegialidade episcopal precisa estar melhor inserida na sinodalidade eclesial, pois "sinodalidade, colegialidade e primado remetem reciprocamente umas às outras: o primado pressupõe o exercício da sinodalidade e da colegialidade, tal como estas duas implicam o exercício do primado" (RS 13a).

A acolhida dos resultados das Comissões de Estudo encarregadas de aprofundar dez questões importantes

O fato de tirar da Assembleia do Sínodo da Sinodalidade o discernimento e a tomada de decisão sobre as questões mais sensíveis e complexas do processo sinodal, contribuiu para certa desilusão e para o clima morno dos trabalhos, sem debates, sem explicitar tensões, sem profetismo, sem inovações ou desdobramentos da renovação conciliar. Com isso, houve certo desinteresse até da imprensa em cobrir o evento. Os comunicados eram sempre muito filtrados, talvez com medo de passar a imagem de uma Igreja dividida.

Uma forma de minimizar o *déficit* sinodal nestes Grupos de Estudo, poderia ter sido a integração de um maior número de membros da Assembleia nestes grupos de trabalho ou dos próprios teólogos expertos do Sínodo. Outra teria sido constituir estes grupos de estudo, desde o primeiro momento do processo sinodal, de modo que houvesse tempo hábil para submeter o resultado dos trabalhos à Assembleia. Uma terceira forma teria sido permitir que a Assembleia tomasse decisões de princípio, deixando a definição das implicações em sua operacionalidade para grupos de estudo e Dicastérios.

Os dez temas aludidos e confiados a dez Grupos de Estudo, estão assim mencionados pelo *Documento final* (n. 8):

1. Alguns aspectos das relações entre as Igrejas Católicas Orientais e a Igreja Latina;
2. Ouvir o clamor dos pobres;
3. A missão no ambiente digital;
4. A revisão da *Ratio Fundamentalis Institutionis Sacerdotalis* em uma perspectiva de sínodo missionário;
5. Algumas questões teológicas e canônicas relacionadas a formas ministeriais específicas;
6. A revisão, em uma perspectiva sinodal e missionária, dos documentos que regem as relações entre Bispos, Religiosos e Agregações Eclesiais;
7. Alguns aspectos da figura e do ministério do bispo (em particular: critérios para a seleção de candidatos ao episcopado, função judicial do bispo, natureza e conduta das visitas *ad limina Apostolorum*) em uma perspectiva sinodal missionária;

8. O papel dos Representantes Pontifícios em uma perspectiva sinodal missionária;

9. Critérios teológicos e metodologias sinodais para um discernimento compartilhado de questões doutrinárias, pastorais e éticas controversas;

10. A recepção dos frutos da jornada ecumênica no Povo de Deus.

Além desses Grupos, o Documento Final menciona uma Comissão de Direito Canônico, ativada em acordo com o Dicastério para os Textos Legislativos, a serviço das necessárias inovações na legislação eclesiástica, assim como o discernimento confiado ao Simpósio das Conferências Episcopais da África e de Madagascar sobre o acompanhamento pastoral das pessoas em casamentos poligâmicos.

O término do trabalho destes dez grupos está previsto para julho de 2025. Espera-se que os resultados possam ser integrados pelo Papa Leão XIV ao processo sinodal e que desemboque de alguma forma na Assembleia da Igreja inteira em outubro de 2028.

Assumir o plano de encaminhamento do processo de implementação das conclusões do Sínodo da Sinodalidade

A Secretaria Geral do Sínodo, em abril de 2025, publicou uma carta, comunicando um plano para o processo de acompanhamento da fase de implementação, que vai de maio de 2025 a outubro de 2028, quando se realizará uma Assembleia eclesial em Roma da Igreja inteira junto ao Papa. Recomenda que a fase de implementação receba uma atenção particular, para que a sinodalidade seja cada vez mais compreendida e vivida como uma dimensão essencial da vida ordinária das Igrejas locais e de toda a Igreja. A fase de implementação envolve as Dioceses, Conferências episcopais e bem como os Institutos de Vida Consagrada, Associações de Leigos e Movimentos Eclesiais.

Reafirma que o *Documento final* da XVI Assembleia Geral Ordinária do Sínodo dos Bispos faz parte do magistério pontifício. Em particular, "as Igrejas locais e os agrupamentos de Igrejas são agora chamados a implementar, nos diversos contextos, as indicações autorizadas contidas no Documento, através dos processos de discernimento e de decisão previstos pelo direito e pelo próprio Documento".

Chama a atenção que fase de implementação do Sínodo deve ser entendida não como uma mera "aplicação" de diretrizes vindas de cima, mas como um processo de "recepção" das orientações expressas pelo Documento Final, de maneira adequada às culturas locais e às necessidades das comunidades. Por isso, é de fundamental importância garantir que a fase de implementação seja ocasião para envolver novamente as pessoas que contribuíram e para devolver os frutos da escuta de todas as Igrejas.

O processo se valerá do trabalho das equipes sinodais compostas por presbíteros, diáconos, consagrados e consagradas, leigos e leigas, acompanhados pelo seu bispo. Por esse motivo, as equipes existentes devem ser aprimoradas e eventualmente renovadas, e as equipes suspensas devem ser reativadas e adequadamente integradas. Inclusive convida a comunicar à Secretaria Geral do Sínodo a composição e as referências da equipe sinodal de sua Diocese, utilizando o formulário que se encontra em anexo.

Este é o Caminho que levará toda a Igreja à celebração da Assembleia Eclesial em outubro de 2028: *março de 2025*: anúncio do processo de acompanhamento e avaliação; *maio de 2025*: publicação do Documento de apoio para a fase de implementação com orientações para sua implementação; *junho de 2025 – dezembro de 2026*: percursos de implementação nas Igrejas locais e em seus agrupamentos; *24-26 de outubro de 2025*: Jubileu em Roma das equipes sinodais e dos órgãos de participação; *primeiro semestre de 2027*: Assembleias de avaliação nas Dioceses; *segundo semestre de 2027*: Assembleias de avaliação nas Conferências episcopais nacionais; *primeiro semestre de 2028*: Assembleias continentais de avaliação; *junho de 2028*: publicação do *Instrumentum laboris* para o trabalho da Assembleia eclesial de outubro de 2028; *outubro de 2028*: celebração da Assembleia eclesial no Vaticano.

Os frutos do Sínodo vão depender desta fase de implementação e muito também do apoio e seguimento do Papa. Foi providencial o Papa Francisco ter deixado este plano para seu sucessor, o que o interpela a dar continuidade a um processo que, em seu conjunto, terá a duração de quase uma década, supondo que a próxima Assembleia sinodal depois da Assembleia de 2028 seja em dois anos.

Continuar abrindo espaço para as mulheres no âmbito da governança da Igreja

As mulheres na Igreja é uma das questões sensíveis reveladas pelo processo sinodal, particularmente a ordenação de diaconisas. Expressão da complexidade desta questão foi a votação do Documento Final, no qual o parágrafo 60 que trata mais diretamente das mulheres, embora tenha sido aprovado com mais de dois terços dos votos como previa o regulamento, foi o parágrafo que mais teve votos contrários (97 votos).

Entre outros, o Documento registra: "não há nada que impeça as mulheres desempenhar funções de liderança na Igreja"; "também permanece aberta a questão do acesso das mulheres ao ministério diaconal". Talvez a ordenação de mulheres seja a questão mais complexa do Sínodo. Pareceria ser mais fácil aceitar a ordenação de homens casados do que ordenar mulheres diaconisas. Argumenta-se pela Tradição, quando na realidade está claro que as diaconisas existiram na Igreja antiga, inclusive para além do eclipse do diaconato masculino. Também se justifica a recusa com argumentos de gênero, portanto teológicos, sem se perguntar se a dificuldade não seria de ordem cultural.

Apesar da quase unanimidade entre as mulheres sobre a questão do acesso das mulheres aos ministérios ordenados, praticamente foi um tema não discutido no Sínodo, deixando para o Grupo de Estudo um discernimento a respeito. As resistências são muitas, principalmente nas Igrejas do continente africano e asiático, onde em geral predomina uma cultura patriarcal, mais que nas Américas. Já na Europa, menos nas Igrejas da Europa do Leste, a questão é mais tranquila. Partindo do princípio da Igreja em seus primórdios, que quem preside a comunidade, preside a Eucaristia, o fato de as comunidades eclesiais na América Latina serem em sua grande maioria presididas por mulheres, ordenar mulheres seria um passo quase natural, que inclusive confirmaria e consolidaria uma Igreja em paridade de ministérios entre homens e mulheres. Mas, o Papa Francisco manifestava que a questão ainda não estava madura para uma decisão a respeito.

Independentemente de sua ordenação, está o acesso das mulheres aos processos de discernimento e tomada de decisão, particularmente a possibilidade de assumir serviços de governança, como tem feito o Papa Francisco na Cúria romana, nomeando mulheres para diversos postos, inclusive como Prefeita de um Dicastério. Infelizmente, a desconcentração do poder em relação ao clero, em grande medida, é ainda uma tarefa pendente da renovação conciliar. O Papa Francisco esteve empenhado nesta tarefa e explicitou a desvinculação do poder na Igreja do clero de forma muito clara, pelo menos em dois documentos. Na Exortação *Querida Amazônia*, ao referir-se ao presbítero, frisou que a especificidade do ministério ordenado, particularmente do presbítero, "não está no poder", ou seja, na coordenação ou na presidência da comunidade eclesial, que pode ser função também de leigos(as) e religiosas (*QAm* 87). A especificidade do ministério do presbítero ou seu "caráter exclusivo" está naquilo que só ele pode propiciar à comunidade eclesial, que é a presidência do sacramento da Eucaristia, o sacramento da Reconciliação e o sacramento da Unção dos Enfermos. Trata-se "de uma função específica, principal e não delegável", frisa a Exortação (*QAm* 88). A identidade do presbítero, bem como de todas as vocações na Igreja, brota do Batismo, que faz do Povo de Deus um povo todo ele profético, régio e sacerdotal, o denominado *tria munera ecclesiae*. Com isso, o que o Papa põe em relevo é que o ministério do presbítero não monopoliza todos os ministérios na Igreja e muito menos o poder na comunidade eclesial. Em uma Igreja sinodal, o poder flui entre todos os batizados, dado que ele se rege pelo *sensus fidelium*.

A desvinculação do poder na Igreja como exclusividade do clero está também explícita na Constituição de reforma da Cúria Romana – *Praedicate Evangelium*. Dois critérios estão na base da reforma: primeiro, tudo é concebido em ordem, não à administração, mas à evangelização – as estruturas como suporte à ação da Igreja, que consiste em evangelizar; segundo, a base para o exercício de toda e qualquer responsabilidade na Cúria Romana e por extensão na Igreja como um todo, é o Batismo. Isso significa que qualquer fiel, homem ou mulher, pode dirigir inclusive um Dicastério, organismos até então dirigidos por cardeais, ou seja, homens ordenados e bispos.

Assim, em uma Igreja sinodal, além dos clérigos, também leigos e leigas, assim como as religiosas, precisam ser partícipes dos processos de tomada de decisão e assumir funções de coordenação e presidência de organismos eclesiais em todos os campos e em todos os âmbitos da Igreja. Esta é uma herança preciosa e complexa, até controversa, que o Papa Francisco deixou para seu sucessor. Precisará de muita ousadia e coragem para superar resistências e avançar.

Considerações finais

Não é nada fácil ser Papa depois do Pontificado de Francisco. Precisar-se-á um bom tempo para ter a verdadeira dimensão da grandeza de seu pontificado. O primeiro Papa Latino-americano se junta ao número dos Papas, cujo perfil tenderá a crescer com o passar do tempo. Doze anos de ministério petrino foram, em princípio, suficientes para conhecê-lo, saber de suas contribuições e propostas, ou para situá-lo em relação aos pontificados anteriores e à direção dada por ele ao caminhar da Igreja no atual contexto. No entanto, a polarização frente ao seu pontificado, imposta pelos setores eclesiásticos mais conservadores e tradicionalistas, com oposição aberta e críticas desqualificadoras de suas iniciativas, impediu uma avaliação adequada e uma recepção desarmada de suas reformas inovadoras.

Em meio à oposição de alguns, incluindo boa parte do clero mais jovem, e à quase indiferença de muitos, incluindo a grande maioria do episcopado, Francisco abriu muitos processos de renovação da Igreja, na perspectiva da recepção do Vaticano II. Em certos momentos, ele esteve muito sozinho, apesar das decisões terem sido tomadas em consulta com organizações, como os vários Sínodos realizados durante seu pontificado, que abordaram questões fundamentais da situação da Igreja e do mundo de hoje. O Papa Leão XIV tem em suas mãos uma preciosa herança. Para continuar avançando, precisará caminhar no Espírito e apoiar-se em sua vinculação aos processos em curso. Sua experiência missionária na América Latina, por décadas em Dioceses do Peru, certamente lhe será inspiradora para continuar sendo "pastor com cheiro de ovelha" no desempenho do ministério petrino.

DIÁLOGOS II
OS CLAMORES DAS COISAS NOVAS

Justamente por me sentir chamado a seguir nessa linha, pensei em adotar o nome de Leão XIV. Na verdade, são várias as razões, mas a principal é porque o Papa Leão XIII, com a histórica Encíclica *Rerum novarum*, abordou a questão social no contexto da primeira grande revolução industrial; e, hoje, a Igreja oferece a todos a riqueza de sua Doutrina Social para responder a outra revolução industrial e aos desenvolvimentos da inteligência artificial, que trazem novos desafios para a defesa da dignidade humana, da justiça e do trabalho.

(Leão XIV)

8
ESPERANÇA EM TEMPOS DE COLAPSO

Dario Bossi
Luiz Marques
Moema Miranda

Introdução

A morte é um desafio inevitável para todo ser vivente. Mas a morte de um Papa não representa apenas a despedida da pessoa que ocupou um cargo de liderança na terra dos viventes. Implica a vacância temporária, e a posterior reocupação – sempre desestabilizadora – do posto máximo da Igreja Católica. No caso de Francisco, seu trânsito definitivo deixa os que o amaram, católicos e não católicos, com a sensação de orfandade. O sentimento da perda de alguém próximo, que fazia do mundo um lugar melhor, deixa um grande vácuo e maior incerteza. O Papa Francisco, nos breves doze anos de seu pontificado, contribuiu com a maior expressão internacional da Igreja Católica como um líder moral e ético, atento aos principais problemas, dores e gritos da humanidade e do mundo, em um tempo de grandes convulsões e colapso. Por isso, sua perda causa imensa tristeza. Por isso, também, seu legado tem importância profética.

Tendo saído da Argentina naquele agora distante março de 2013 como Jorge Bergoglio, sua biografia não nos faria adivinhar que se tornaria *Franciscus*: o primeiro Pontífice vindo da América Latina, do "fim do mundo", como ele disse. O significado de seu pontificado precisará de algum tempo para ser avaliado adequadamente. Mas foi, certamente, como o deslocamento de uma placa tectônica, nesta que é uma das mais longevas instituições humanas. Movimentos telúricos causam efeito por longos períodos. Vindo da América Latina, Bergoglio escolheu o nome de Francisco que, como muitos têm dito, representa um projeto de Igreja, um programa de ação, o convite à "reconciliação com o mundo" (LD 69). Francisco de Assis é um dos santos mais amados da Igreja e, também, um dos mais inquietantes: um santo amoroso que, tomado a sério, desconcerta. O propósito da escolha inédita deste nome por Jorge Bergoglio foi sendo confirmado dia a dia em seu pontificado, de forma jesuítica, paciente, metódica e persistente, através de palavras, gestos, atitudes e opções pastorais, eclesiais e existenciais.

Francisco chegou à Cátedra de Pedro – agora não mais a sede da Igreja Universal, mas sim da Igreja das Igrejas, de acordo com o Sínodo que ele mesmo convocou e deixou como processo aberto. Chegou em um contexto dramático: tempo do risco de fim. A emergência ambiental que vivemos coloca a existência da humanidade, e mesmo do planeta Terra como lugar habitável, em ameaça real. É difícil ter palavras que indiquem com serenidade a gravidade da situação que vivemos. Ainda mais difícil, porque os mecanismos de negação, invisibilização, diluição da consciência coletiva quanto ao risco que estamos causando e vivendo, têm tido enorme eficácia. A compreensão sistêmica e profunda que o Papa Francisco teve dos dilemas climáticos e ambientais atuais marca um ponto de virada dos mais importantes de seu pontificado. Ele levou para o Magistério da Igreja, em relação à compreensão socioambiental, o que de melhor a teologia e a Igreja latino-americana produziram nas últimas décadas, tendo estas que pagar um preço altíssimo por isso, durante o período de volta à "grande tradição" que precedeu o pontificado de Francisco. Compreender a dimensão dos desafios que vivemos, a apreensão que Francisco teve deles, com suas sugestões de alternativa e conversão, é essencial para que possamos, como Igreja Povo de Deus, estar à altura do seguimento de Jesus, em nosso atribulado espaço-tempo.

O colapso socioambiental

Neste primeiro quarto do século, a humanidade está vivendo uma confluência de crises socioeconômicas, políticas, religiosas, militares, ambientais e sanitárias. Alguns têm chamado este fenômeno hipercomplexo de *policrise*. As desigualdades socioeconômicas atingiram dimensões abissais. Em 2024, apenas 1,5% da população adulta mundial detém quase metade (47,5%, ou 318 trilhões de dólares) de toda a riqueza mundial. No vértice dessa pirâmide da desigualdade mundial, 2.638 adultos possuem entre 1 bilhão e 100 bilhões de dólares e apenas 14 pessoas nesse grupo possuem em conjunto cerca de 2 trilhões de dólares. Pesquisa de uma organização de credibilidade, realizada em 2023, indica que cinquenta dos bilionários mais ricos do mundo produzem, em média, mais emissões de carbono em menos de três horas do que o europeu mediano em toda a sua vida. Em média, eles fazem 184 voos em jatos particulares por ano, passando 425 horas no ar. Isso produziu tanto carbono quanto uma pessoa mediana produziria em trezentos anos. Seus iates de luxo emitiram tanto carbono quanto uma pessoa média em oitocentos e sessenta anos.

Enquanto isso, desde 2014, os níveis globais de insegurança alimentar voltaram consistentemente a subir, invertendo pela primeira vez a tendência iniciada em meados do século XX. Mais da metade da produção mundial de alimentos estará em risco de quebras de safra por escassez hídrica nos próximos vinte e cinco anos, sendo que 40% da demanda humana atual de água já não tem sido atendida, dada uma explosiva combinação de emergência climática, desmatamento e uso insustentável desse recurso para a irrigação intensiva de parte do agronegócio e do sistema alimentar globalizado. Privações e sofrimentos físicos e psíquicos – a insegurança humana em geral – vêm aumentando numa velocidade sem precedentes, como efeito de uma amplificação recíproca entre fatores sociais (políticos, culturais, religiosos e econômicos) e ambientais. Em suma, as relações entre os humanos, entre os humanos e as demais formas de vida e entre os humanos e o sistema Terra em geral, estão se degradando rapidamente e todos os indicadores e parâmetros disponíveis mostram que essa degradação está se acelerando.

A situação atual é singular na história humana. No passado, crises econômicas, políticas e, sobretudo, militares sempre pontuaram a história e o imaginário humano. Mas havia uma alternância fundamental nessa história e nesse imaginário: quando essas crises passavam, seja qual fosse o saldo dos crimes e das tragédias, as sociedades se reconstruíam. Por imensas que fossem as destruições, elas eram relativamente localizadas e eram reversíveis, pelo menos em termos de patrimônio material. Além disso, as feridas emocionais abertas por essas crises acabavam por cicatrizar e, tal como um corpo que supera uma doença, a vida social acabava por retomar um ritmo usual, com sentido de normalidade. Essa é nossa história e nosso passado. O que caracteriza essencialmente as crises de nossos dias é, cada vez mais, a irreversibilidade. Hoje, mais ainda que as guerras, o funcionamento "normal" da economia capitalista globalizada, baseada no princípio do crescimento ilimitado, atingiu tal escala, onipresença e capacidade destrutiva, que está desequilibrando as coordenadas físicas, químicas e biológicas do planeta, ou seja, as condições de possibilidade da vida social e da maior parte das formas de vida pluricelular, tal como a conhecemos. Crescem, hoje, em intensidade e frequência, ondas e picos de calor, secas, enchentes, incêndios florestais, inundações pelo aumento do nível do mar, furacões e ciclones, perda de biodiversidade, extinção, epidemias ou pandemias. A poluição generalizada na atmosfera, nas águas, nos solos e nos organismos, causada por mais de 350 mil produtos da indústria química em circulação nos mercados, está causando um adoecimento e uma intoxicação sem precedentes em praticamente todas as formas de vida pluricelular. A Terra está se tornando um planeta tóxico. Em consequência disso, constata-se o crescimento, por exemplo, das perturbações hormonais, sobrepeso, obesidade mórbida, diminuição da fertilidade humana e aumento da incidência de câncer, com taxas de crescimento maiores entre crianças, adolescentes e adultos com menos de 50 anos, além de autismo, depressão, ansiedade e outros distúrbios neuropsíquicos. Por isto, dizia Francisco "encontramo-nos mais sozinhos do que nunca neste mundo massificado, que privilegia os interesses individuais e fragiliza a dimensão comunitária [...]. O avanço deste globalismo favorece a identidade dos mais fortes que protegem a si mesmos" (FT 12). "Pelo mesmo motivo, favorece também uma perda do sentido de história que provoca uma degradação ainda maior" (FT 13).

Como efeito de tudo isso, os dois últimos decênios estão iniciando as sociedades contemporâneas nas experiências traumáticas de um colapso socioambiental. Este se desenha quando os impactos ambientais causados pelo modo expansivo de funcionamento do capitalismo globalizado atingem um limiar que começa a inviabilizar a organização social. Hoje, desastres climáticos crescentes e recorrentes em quase todas as latitudes do planeta, perdas agrícolas, crises sanitárias e epidemias golpeiam tão frequentemente as sociedades, que estas se tornam progressivamente incapazes de assegurar um mínimo de segurança física, alimentar, hídrica e sanitária às suas populações. A progressiva incapacidade humana de se proteger desses impactos, de se adaptar e de se restaurar após cada golpe é justamente o que define o presente colapso socioambiental global. Ele não é um evento com data marcada para acontecer: é o processo em curso. E dada a aceleração – que o Papa Francisco chamou de *rapidização* (LS 18) – do processo, pode-se predizer com segurança uma piora ainda maior nas condições de vida dos humanos e de inúmeras outras espécies nos próximos anos. Os tratados firmados em 1992 no Rio de Janeiro contra a desestabilização do clima, a perda da biodiversidade e a desertificação, assim como os 17 Objetivos do Desenvolvimento Sustentável, definidos em 2015, chegaram a embalar os sonhos de muitos. Hoje sua credibilidade é zero, porque nenhum desses esforços diplomáticos tem qualquer chance de sucesso no âmbito de uma civilização na qual o critério de sucesso é o crescimento do consumo energético e material. Mesmo que ainda difusa, a percepção desse colapso é crescente e gera cada vez mais inquietação e angústia. O medo do futuro toma de assalto as sociedades e esse sentimento tem sido bem explorado pelos que, nos mais diversos países, negam as evidências científicas, agitam bodes expiatórios e prometem um retorno salvífico ao passado. Vivemos, efetivamente, "às sombras de um mundo fechado" (FT 9), com "sonhos desfeitos em pedaços" (FT 10). E, sem "um projeto para todos", afirmou Francisco, "a melhor maneira de dominar e avançar sem entraves é semear o desânimo e despertar uma desconfiança constante, mesmo disfarçada por trás de alguns valores. Usa-se, hoje, em muitos países, o mecanismo político de exasperar, exacerbar e polarizar" (FT 15). Desanimar e desacreditar que um mundo de justiça e paz seja possível, um mundo onde caibam muitos mundos, é, portanto, parte fundamental da estratégia política e religiosa das "elites do poder" (LD 38).

Crise civilizacional e responsabilidade cristã

Foi neste mundo, onde mesmo surdos podem escutar o "grito da Terra e o grito dos pobres" (LS) como um só lamento estridente, que Francisco subiu ao mais alto posto da hierarquia da Igreja Católica. E, ao fazê-lo, como Francisco de Assis oito séculos antes, escolheu não se fechar em sua cátedra. Saiu ao encontro do mundo: começou por Lampedusa e, com seus resistentes sapatos pretos, caminhou passo a passo em muitas latitudes e longitudes. Caminhou escutando, aproximando, tocando a dor e o sofrimento. Escolheu, como fez Jesus, o lugar das vítimas, dos desvalidos, das ovelhas perdidas. Mas, se pronunciou como os sobreviventes, como os que "alvejaram as vestes no sangue do Cordeiro" (Ap 7,14). Os que, tendo passado pelas grandes tribulações latino-americanas, se mantiveram fiéis ao seguimento do Cordeiro e ao chamado dos pobres e da Terra, ela mesma, hoje, a mais pobre e explorada entre seus filhos e filhas (LS 2). Francisco falou ao mundo como quem honra seus ancestrais e diz a palavra que foi emudecida com violência em muitos corpos. Falou também com muitos dos que não tinham mais sido escutados: movimentos sociais, organizações e povos indígenas, refugiados, mães solteiras, migrantes, comunidades atingidas pela mineração, párocos de igrejas em zona de guerra. Falou por e com aqueles que vivem nas zonas de sacrifício. E, por isto, recuperou em seu magistério uma longa história eclesial de resistência e de reexistência, libertando do esquecimento anos de caminhada da Igreja Povo de Deus.

Quando os primeiros ventos de consciência ambiental começaram a soprar na Modernidade, nos anos 1960, houve um importante movimento de responsabilização da cultura judaico-cristã pelas raízes mais profundas de sustentação de uma civilização que se desenvolveu negando o mundo como um tecido vivo. A Modernidade – fenômeno complexo de desencantamento do mundo – abriu a possibilidade de criação de um poder humano técnico-bélico de exploração e destruição do que se chamou "natureza", como nenhuma outra civilização. Tornada matéria-prima, fonte utilitária destinada a servir à humanidade, a percepção de limites da natureza esteve ausente das preocupações econômicas ou éticas das sociedades capitalistas (e também das socialistas). Entre os anos 70 e 90, na América Latina, a Igreja integrou – ainda que não plenamente nem em todos os seus segmentos – o esforço de compreensão dos aspectos mais atávicos e arquetípicos desta dinâmica social complexa. Apenas como exemplo, em um documento do então Setor de Pastoral Social da CNBB, editado pelas Paulinas, em 1992, a partir de um seminário em preparação para o grande encontro da Eco 92, podemos ler:

Autocrítica das tradições judaico-cristãs

Na construção do modelo de desenvolvimento linear, utilitarista e predatório da natureza, hoje questionado e em crise, os cristãos, as Igrejas e a teologia cristã tiveram importante participação. Os agentes sociais, promotores, idealizadores, realizadores deste tipo de desenvolvimento foram, via de regra, cristãos em diferentes épocas, desde o colonialismo, neocolonialismo, até os dias atuais, com diferentes matizes e ênfases específicas. (Setor Pastoral Social, CNBB. *A Igreja e a questão ecológica*, São Paulo: Paulinas, 1992. p. 35)

A compreensão da responsabilidade de determinadas interpretações cristãs dos textos sagrados como substrato de uma visão dualista que, por um lado, embasa o "antropocentrismo despótico" (LD 68) e, por outro, desconhece o "valor intrínseco do mundo" (LS 111), é assumida plenamente pelo Papa Francisco na fundamental Encíclica *Laudato si'*. Na qual, com coragem serena, ele afirma que,

se é verdade que nós, cristãos, algumas vezes interpretamos de forma incorreta as Escrituras, hoje devemos decididamente rejeitar que, do fato de ser criados à imagem de Deus e do mandato de dominar a terra, se deduza um domínio absoluto sobre as outras criaturas. É importante ler os textos bíblicos no seu contexto, com uma justa hermenêutica (LS 67).

Esta "autocrítica" vem conectada com uma mudança fundamental de perspectiva em relação ao mundo. Francisco assume na *Laudato Si'*, e leva para a Doutrina Social da Igreja, o paradigma sistêmico, que compreende o planeta como um superorganismo vivo. A Terra é, ela mesma, viva e simbiótica. Em um processo de aproximadamente 4,3 bilhões de anos, este planeta absolutamente excepcional, parte de uma galáxia com trilhões de sóis e planetas, que por sua vez integra um universo de incontáveis galáxias, permitiu a emergência da vida. E vida cada vez mais abundante e complexa. Colocando-se em plena consonância com a ciência do Sistema Terra, Francisco afirma, como bom estudante de química que foi:

> Nunca é demais insistir que tudo está interligado. O tempo e o espaço não são independentes entre si; nem os próprios átomos ou as partículas subatômicas se podem considerar separadamente. Assim como os vários componentes do planeta – físicos, químicos e biológicos – estão relacionados entre si, assim também as espécies vivas formam uma trama que nunca acabaremos de individuar e compreender. Boa parte da nossa informação genética é partilhada com muitos seres vivos. Por isso, os conhecimentos fragmentários e isolados podem tornar-se uma forma de ignorância, quando resistem a integrar-se numa visão mais ampla da realidade (LS 138).

A recusa da sociedade dominante, na qual há "vencedores e vencidos" (LS 176), em aceitar e compreender a dinâmica viva do planeta que nos acolhe, do qual somos feitos e no único em que podemos seguir existindo, é a fonte inesgotável da ameaça de destruição a que todos os seres, humanos e não humanos, estão submetidos. Por compreender a dimensão arquetípica do colapso ambiental, Francisco propõe que a Igreja assuma plenamente seu compromisso com a salvação do mundo. Uma clareza soteriológica profunda e profética: não podemos seguir o projeto de Salvação de Jesus, se destruímos a obra do Pai. Sim, porque ele compreende que dizer criação é mais do que dizer natureza. "Na tradição judaico-cristã, dizer 'criação' [...] tem a ver com um projeto do amor de Deus, onde cada criatura tem um valor e um significado" (LS 76). Uma vez mais, a herança latino-americana ressoa em seu Magistério. Mesmo aquela tradição que foi negada e apagada, gerando uma espécie de amnésia de si. No documento já mencionado, de 1992, podemos ler:

> A presença de Deus na criação
>
> "O que faz Deus desde a eternidade?" – perguntava Santo Agostinho. A resposta da total transcendência de Deus em relação à sua criação não é mais satisfatória. Mais adequado é afirmar, com os místicos, que, desde a eternidade, Deus está dando à luz a sua criação. Sim, Ele vem sofrendo e acompanhando o processo da criação.
>
> Na tradição cristã, o Espírito Santo nos faz entender a realidade como energia e como vida. Ele é criador e vivificador. (Setor Pastoral Social, CNBB. *A Igreja e a questão ecológica*, São Paulo: Paulinas, 1992. p. 40)

Esta compreensão teológica fundamental, profundamente cristã e mística, permite que Francisco abra com serenidade um diálogo fraterno tanto com a ciência quanto com a sabedoria dos povos originários de todos os continentes. Mesmo como porta-voz de uma Igreja que por séculos defendeu possuir e anunciar uma verdade exclusiva e completa, Francisco teve a humildade de valorizar e dialogar com a ciência, a sabedoria ancestral dos povos, os místicos e profetas de outras religiões. Em pleno espírito sinodal, integrou a contribuição inculturada e plural das igrejas locais, que como Pontífice foi chamado a coordenar. Reconhecendo a impressionante dimensão da crise civilizatória, afirma que a aproximação entre a ciência e a religião é imprescindível e urgente (LS 62).

Dito isto, afirma também que qualquer solução para a dramaticidade do colapso, que ele assume e compreende em todas as suas dimensões, supõe uma "revolução cultural" (LS 114). Toda revolução é radical. Implica reconhecer as raízes e daí reconstruir. Implica uma conversão integral.

Conversão integral e sobriedade feliz

Neste contexto de *policrise*, não são mais suficientes soluções de reparação dos danos, ajustes conjunturais ou "remendos de panos novos em roupas velhas" (Mt 9,16), que só seriam "um pequeno adiamento do colapso" (LS 194). Em lugar de ajustes, posto que estamos nos "aproximando de um ponto de ruptura" (LD 2), precisamos romper com as causas que levaram a este limite e que o Papa Francisco, com lúcida profecia, associa a uma "economia que mata" (EG 53).

No magistério de Francisco, este chamado à conversão deve ser integral, pois não é suficiente a conversão individual; da mesma forma, suas encíclicas sociais não tratam simplesmente do pecado individual, mas do pecado estrutural, do qual um dos exemplos mais "chocantes" (LD 3) são as transformações climáticas.

A perspectiva inovadora deste Papa "do fim do mundo", que enxerga o sistema econômico a partir das margens, é sua compreensão sistêmica. Como explicamos acima, Francisco compreendeu que todo o sistema Terra está sob risco, por causa da ação antrópica e do imperativo de acumulação e crescimento ilimitados do modelo hegemônico. A resposta que oferece é a Ecologia Integral: uma visão holística de mundo e um projeto de ações interconectadas, que geram convergência de processos nos campos da política e da economia, da cultura e da educação, das espiritualidades e dos estilos de vida. Com isso, o magistério da Igreja dá um salto; não apresenta a ecologia como mais um de seus âmbitos de preocupação, mas trata do cuidado da casa comum como opção fundante e geradora de todas as outras práticas de promoção e defesa da vida, em obediência à missão que Deus confiou ao ser humano.

A vida em plenitude e a salvação se concretizam a partir do agora: o ser humano se realiza em sua dignidade participando generosamente e contribuindo com a complexa e sagrada rede de relações entre todas as criaturas, da qual faz parte e da qual depende. Este processo evolui até a completa recapitulação em Cristo de todas as coisas, reunindo o universo inteiro e levando a história à sua plenitude (Ef 1,10). Salvar árvores e salvar "almas", na dissociação que alguns críticos de Francisco fazem, é na verdade contribuir com Deus, que continuamente cria e recria o mundo como um tecido vivo, no qual humanos e não humanos interagem, vivem em simbiose e caminham rumo à salvação na história (LD 65).

Essa salvação, porém, não virá pelo poder que conduziu a humanidade às condições de hoje, em seu "pragmatismo homicida" (LD 57). Ao contrário, só poderá surgir dos "sem poder", dos descartados, que o Papa Francisco fez questão de encontrar sempre de modo privilegiado, insistindo, por exemplo, no percurso das Jornadas Mundiais dos Pobres, ou no processo de diálogo com os movimentos populares. A eles, na Bolívia, o Papa disse:

> Vós, os mais humildes, os explorados, os pobres e excluídos, podeis e fazeis muito. Atrevo-me a dizer que o futuro da humanidade está, em grande medida, nas vossas mãos, na vossa capacidade de vos organizar e promover alternativas criativas na busca diária dos três "T" – entendido? – (trabalho, teto, terra), e também na vossa participação como protagonistas nos grandes processos de mudança, mudanças nacionais, mudanças regionais e mudanças mundiais. Não se acanhem! Vós sois semeadores de mudança.

Este "multilateralismo a partir de baixo" (LD 38), que se opõe às elites do poder, tece uma rede de projetualidade e sonhos realmente capaz de conceber e iniciar caminhos inéditos, por não estar contaminada pelos vícios e a arrogância daqueles que "destroem a terra" (Ap 11,18).

O Papa Francisco tinha claro que, para respostas globais a desafios globais como saúde, segurança alimentar, equilíbrio climático e paz, "as soluções mais eficazes [...] virão [...] sobretudo das grandes decisões da política nacional e internacional" (LD 69). Por isso, durante seu pontificado, não deixou de insistir também sobre a incidência política. A encíclica *Laudato si'* e a exortação apostólica *Laudate Deum* foram escritas, respectivamente, logo antes da COP21 e da COP28, na intenção de influenciar as decisões destas Conferências da ONU e, sobretudo, mobilizar o povo de Deus para ações de denúncia e pressão política, bem como propostas da sociedade civil que não esperem as complexas negociações diplomáticas.

Houve outra intuição iluminadora de Francisco: segundo ele, respostas inovadoras a desafios globais podem surgir das iniciativas e intuições dos territórios locais. Entrevemos esta perspectiva do Papa ao convocar o Sínodo para a Amazônia em 2017, dois anos depois da publicação de *Laudato si'*; um desafio para demonstrar, a partir das práticas de um contexto específico que, sim, existem "Novos Caminhos para a Igreja e para uma Ecologia Integral", como dizia o lema do Sínodo. O movimento do Sínodo para Amazônia, agora confirmado e reforçado pelo processo de uma Igreja sinodal, provoca as igrejas locais a avançarem em seu compromisso em defesa da vida, inclusive propondo estruturas pastorais e modelos ministeriais inovadores e inculturados, que o próprio Papa Francisco estimulou para que comecem a surgir a partir de baixo, dos contextos locais.

Por último, e novamente num processo contagioso de baixo para cima, o processo de mudança que o Papa semeou tem a ver com os estilos de vida individuais e coletivos, e com uma resposta radicalmente cristã à febre do consumismo. O círculo vicioso do modelo "extrair-consumir-descartar" está abastecendo de modo ilusório o desejo de felicidade das pessoas, amplificado pela máquina da propaganda, às custas do saque e da contaminação do planeta. A profecia cristã começa pela prática de outros estilos de vida, que Francisco também testemunhou ao escolher meios pobres e ao valorizar a economia da partilha e não da competição. É o horizonte da "sobriedade feliz", provocação evangélica que desafia constantemente o que entendemos por felicidade e plenitude de vida. Não por acaso, esta é a pergunta explícita que o Papa nos deixa, no centro de sua exortação *Laudate Deum*: "Qual é o sentido da minha vida? Qual é o sentido da minha passagem por esta terra?" (LD 33).

Conclusão

Como reagem as pessoas, atingidas em cheio pelas evidências do colapso socioambiental e provocadas pela força profética das palavras e da prática do Papa Francisco, que tentam despertar para a esperança e o compromisso, frente a esta crise?

Alguns grupos de interesses poderosos vêm consolidando posições estrategicamente negacionistas; desmontam a ciência e suas contribuições, para garantir o maior lucro no menor tempo possível, independentemente dos impactos provocados. Para consolidar suas posições, precisam criar inimigos e agregar, em oposição a eles, muitas pessoas desorientadas pelo medo e a insegurança. Este é um dos principais motivos dos violentos ataques à figura do Papa Francisco, nos quais as motivações religiosas escondem e disfarçam diversos outros interesses de poder.

Outras pessoas, percebendo que este modelo econômico já não ilude mais com a promessa de distribuir para todos oportunidades de vida plena e digna, fazem a opção do "cada um por si", fechando-se na busca egoísta dos poucos privilégios ainda à disposição.

Outras ainda, frente às mudanças rápidas e descontroladas do equilíbrio do planeta, à crise dos sistemas sociais e à falta de horizontes e perspectivas claras, se deixam tomar por um sentimento de impotência, derrota e adoecimento.

Finalmente, existem e resistem grupos que ainda lutam em defesa de seus territórios e modos de vida, buscando entrelaçar os fios frágeis da esperança e da teimosia num tecido de práticas inspiradoras e de ações radicais de pressão e denúncia (LD 58).

É para todos estes tipos de pessoas que o Papa Francisco viveu e escreveu, tentando reanimar, isto é, restituir a alma, os sonhos, a poesia e a beleza. Por isso, Francisco conclui a encíclica *Laudato si'* com um capítulo sobre "Educação e Espiritualidade Ecológicas" e deixa como legado as seguintes palavras, que ressoam em nós todas as vezes que sentimos o aperto do desânimo:

"Caminhemos cantando; que as nossas lutas e a nossa preocupação por este planeta não nos tirem a alegria da esperança!" (LS 244).

9
OS DESAFIOS DO PAPADO NUM MUNDO EM TRANSFORMAÇÃO

Reginaldo Nasser
Augusto Rinaldi

A morte do Papa Francisco, em 21 de abril de 2025, não apenas marcou o fim de um pontificado singular, mas também deslocou os holofotes do mundo para a sucessão papal e os legados de uma liderança que, entre 2013 e 2025, redefiniu profundamente o papel do Vaticano nas relações internacionais contemporâneas. Seu papado, de forte marca pastoral e geopolítica, combinou uma diplomacia independente das potências ocidentais, a promoção de líderes católicos oriundos de regiões historicamente marginalizadas na governança da Igreja e uma atuação que oscilou entre idealismo e pragmatismo estratégico.

Durante a reunião mundial de jesuítas em 2013, ao refletir sobre os efeitos da globalização, Francisco criticou a tendência homogeneizante de pensar o mundo como uma "esfera" – símbolo de padronização cultural e política –, propondo em seu lugar a imagem de um "poliedro", no qual a unidade convive com a diversidade de culturas e identidades. Essa metáfora guiou sua visão de mundo e mandato à frente da Santa Sé: a Igreja, para Francisco, deveria refletir a pluralidade do mundo, e não impor um modelo centralizado a partir de um único centro irradiador. Essa filosofia orientou decisões diplomáticas corajosas, como o acordo assinado com a China em 2018 para a nomeação conjunta de bispos – manobra que buscava garantir espaço institucional para a presença católica em solo chinês, mas que depois foi duramente criticada por supostamente implicar concessões excessivas ao regime comunista. Ainda assim, o gesto evidenciou a disposição do Papa em atuar como mediador global, mesmo em cenários de grande sensibilidade estratégica.

Durante os anos de seu pontificado, especialmente diante das tensões do primeiro governo Trump (2016–2020), Francisco reiterou que a Igreja é "muito maior do que Roma e a Europa", posicionando o Vaticano como ator autônomo na promoção da paz e do diálogo entre culturas, credos e sistemas políticos. Sua diplomacia, não alinhada às potências ocidentais tradicionais, consolidou o papel do Vaticano como voz moral e política alternativa, comprometida com a paz, a promoção dos direitos humanos e o multilateralismo. O impacto de sua liderança ressoa ainda mais fortemente agora, no momento em que seu sucessor se depara com um cenário geopolítico ainda mais turbulento e incerto.

A eleição de um novo Papa se dará em meio à reeleição de Donald Trump à Casa Branca em 2025 e à intensificação da rivalidade estratégica entre os Estados Unidos e a China. Os primeiros 100 dias do segundo mandato de Trump já foram marcados por uma guinada abrupta, radical e revisionista: ele iniciou o desmonte acelerado da ordem internacional liberal construída pelos próprios EUA desde o fim da Segunda Guerra Mundial. Em vez de reafirmar alianças, Trump passou a tratar parceiros históricos, como Canadá e nações europeias, como "aproveitadores", termo usado pelo próprio presidente. Instituições internacionais multilaterais, da Organização Mundial do Comércio (OMC) à Organização Mundial da Saúde (OMS), perderam financiamento – apenas à OMS, foram retirados 500 milhões de dólares em contribuições norte-americanas. Trump também ameaçou abertamente abandonar a Organização do Tratado do Atlântico Norte (Otan), exigindo que seus membros aumentassem os gastos militares para 5% do PIB, sob pena de deixarem de contar com o amparo norte-americano.

Nos campos climático e humanitário, a nova gestão desmantelou ou desmobilizou importantes tratados e iniciativas multilaterais. O Acordo de Paris, o Conselho de Direitos Humanos da ONU e programas de ajuda internacional como os geridos pela USAID foram descontinuados ou severamente enfraquecidos. Essa postura, embora unilateralista, não é isolacionista no sentido clássico: trata-se, na verdade, de um revisionismo agressivo que visa derrubar a ordem internacional baseada em regras e instituições por um sistema transacional, centrado nos interesses imediatos de Washington. Nesse novo paradigma global, os EUA fazem uso do seu poder econômico – com 50% do comércio mundial em dólares e 90% das transações financeiras internacionais – e militar – com cerca de 800 bases no exterior e capacidade de atuação simultânea em múltiplos teatros – para extrair concessões de aliados e rivais.

Essa lógica explica a facilidade com que Trump sugere, ainda que de forma provocativa, a anexação de territórios como o Canadá e a Groelândia, ou a imposição de termos duros ao Panamá e ao México. O revisionismo trumpista busca reconstituir uma ordem de esferas de influência reconhecidas e aceitas pela comunidade internacional, ainda que à força. A economia norte-americana, embora relativamente pouco dependente do comércio exterior – com apenas 11% do PIB vindo de exportações, um terço delas destinadas ao Canadá e ao México –, mantém influência desproporcional em setores estratégicos como energia, alimentos e alta tecnologia. Empresas norte-americanas dominam a maior parte dos lucros globais em semicondutores e biotecnologia, superando de longe a participação chinesa nesses setores. No campo militar, a hegemonia norte-americana é incontestes: cerca de 70 países, incluindo a Ucrânia, dependem de sua proteção e inteligência para ações extraterritoriais.

Mesmo assim, Trump adota políticas que corroem a ordem internacional construída por seu próprio país. O uso de tarifas, sanções econômicas e retórica agressiva mina o multilateralismo e os esforços coletivos contra problemas globais, como a pobreza e a mudança climática. No plano doméstico, sua administração se transformou em um laboratório de radicalização política. A agenda inclui ataques a imigrantes, programas de diversidade e inclusão, perseguição a universidades e repressão a manifestações pró-Palestina. A Secretária de Segurança Interna, Kristi Noem, liderou deportações em massa com crueldade simbólica: imigrantes foram enviados ilegalmente para a prisão CECOT em El Salvador, com fotos divulgadas como forma de intimidação. Agências federais prenderam estudantes e manifestantes em universidades e locais públicos, ampliando ações de vigilância e repressão em meio a um discurso crescentemente nacionalista e xenófobo.

As divisões internas da administração Trump também dificultam a formulação de uma política externa coerente. Enquanto o Secretário de Estado, Marco Rubio, representa a ala intervencionista tradicional (conhecidos como *hawks*, "falcões"), o vice-presidente J. D. Vance ecoa posições mais isolacionistas. A oscilação entre imposição e flexibilização de tarifas comerciais ilustra uma gestão desorganizada, incapaz de alinhar estratégia e retórica. O resultado é a emergência de uma "superpotência pária": os Estados Unidos permanecem centrais na economia e segurança global, mas cada vez mais rejeitados como líderes de uma ordem baseada em normas e regras liberais. Esse revisionismo desestabiliza instituições fundamentais da ordem internacional do pós-1945, despreza instituições como o Tribunal Penal Internacional – que atualmente investiga os crimes de genocídio cometidos por Israel na Faixa de Gaza – e corrói a confiança entre aliados. A promessa de cooperação que sustentava a liderança norte-americana parece ruir, abrindo espaço para novas configurações geopolíticas que têm sido aproveitadas tanto por seus aliados quanto pelos rivais.

Nesse contexto, diferentes países e blocos regionais têm buscado estratégias para defender seus interesses, mitigar riscos e, em alguns casos, preservar ou reinventar elementos da ordem liberal. A China, alvo prioritário das tarifas impostas por Trump, tem adotado políticas retaliatórias e reforçado sua projeção internacional. Após o anúncio de novas tarifas norte-americanas sobre produtos chineses, Pequim respondeu com medidas proporcionais, enquanto o presidente Xi Jinping estreitou laços com Japão e Coreia do Sul – parceiros históricos dos EUA – em acordos comerciais que garantem acesso a semicondutores e mitigam os efeitos das sanções tecnológicas impostas desde 2022.

Paralelamente, a China investe em instituições multilaterais alternativas e lidera arranjos como a Organização para a Cooperação de Xangai, os Brics, a Iniciativa Cinturão e Rota (BRI) e o Banco Asiático de Investimento em Infraestrutura (AIIB). Pequim também se beneficia da retração norte-americana para expandir sua influência: controla 35% das exportações globais de terras raras, possui grandes volumes da dívida norte-americana e domina cadeias produtivas críticas. Em abril de 2025, após quedas nos mercados globais, Trump suspendeu temporariamente as tarifas para vários países, mas manteve as restrições contra a China, aprofundando o confronto com o gigante asiático. A resposta chinesa, longe de ser frontal, segue uma lógica de consolidação estratégica: reforço da presença no Mar do Sul da China, fortalecimento de instituições paralelas e adensamento de relações com aliados tradicionais de Washington. Apesar da interdependência econômica entre as duas potências, a rivalidade se intensifica e alimenta uma corrida armamentista, com Trump propondo um orçamento militar de 1 trilhão de dólares – representando uma fatia significativa do gasto global – enquanto a China acelera a modernização de suas forças militares navais.

Entre os aliados tradicionais de Washington, especialmente Canadá, Japão e países da União Europeia, a reação é de profunda desconfiança e medidas de contenção. Dois episódios ilustram esse novo posicionamento. Em março, países europeus anunciaram o investimento de 800 bilhões de euros ao longo dos próximos quatro anos no programa "ReArm Europe", voltado à cooperação industrial-militar e à redução da dependência da indústria de defesa norte-americana. Pela primeira vez desde os anos 1950, a Europa se prepara para um cenário no qual os EUA não são mais parceiros garantidos. O outro episódio revelador é o encontro trilateral entre China, Coreia do Sul e Japão, que sinaliza o enfraquecimento da primazia diplomática de Washington na Ásia.

Paradoxalmente, as ações de Trump têm catalisado um processo de fragmentação criativa: ao enfraquecer as bases da ordem internacional liberal, os Estados Unidos aceleram a emergência de um sistema mais descentralizado e plural. Os países estão descobrindo novas vias de comunicação para defenderem seus interesses. Neste cenário, o papel do Vaticano ganha centralidade inédita. A capacidade do Vaticano de operar diplomaticamente em um sistema internacional em mutação depende, em grande medida, de como essa ordem será moldada nas próximas décadas. E é nesse ponto que o conceito de "mundo multiplex", desenvolvido por Amitav Acharya, torna-se uma lente particularmente útil para compreender os desafios e oportunidades que se desenham.

Ao contrário das abordagens tradicionais que descreveram a ordem internacional pós-Guerra Fria como unipolar (centrada nos Estados Unidos), bipolar (como na Guerra Fria entre EUA e URSS), ou multipolar (com múltiplas potências disputando influência), o mundo multiplex propõe uma concepção mais complexa e descentralizada. Segundo Acharya, a ordem global atual não é apenas marcada por uma distribuição de poder entre grandes potências, mas por pluralidade de normas, instituições e identidades regionais que coexistem, interagem e, por vezes, entram em conflito. Neste mundo, a governança global não se reduz mais à imposição de regras por parte de um centro hegemônico, mas emerge da interação entre polos diversos, em que iniciativas regionais e vozes do Sul Global ganham protagonismo.

A ascensão desse mundo multiplex é visível nas respostas que diferentes regiões vêm articulando diante do revisionismo trumpista. O colapso da confiança nas garantias multilaterais fornecidas pelos EUA – sobretudo na Europa, Ásia e América Latina – tem estimulado o surgimento de arranjos que buscam contornar a dependência de Washington. O plano europeu conhecido como "Bússola Estratégica", aprovado em 2022, aponta nesse sentido. Trata-se de um plano de longo prazo que visa fortalecer a política de segurança e defesa do bloco por meio do desenvolvimento de capacidades militares conjuntas, melhoria da cibersegurança e fortalecimento da resposta coletiva a crises. Mais do que um instrumento técnico, é uma tentativa política de dotar a UE de maior autonomia estratégica frente à incerteza representada pelos Estados Unidos – sobretudo após os quatro anos de Donald Trump, durante os quais a confiabilidade das garantias de defesa norte-americanas foi colocada em xeque. A Bússola prevê, entre outras metas, a criação de uma força de resposta rápida de até 5 mil soldados até 2025, e representa avanço significativo em relação às hesitações históricas dos europeus em integrar suas capacidades de defesa. A UE está se movendo não apenas por causa da erosão da ordem regional europeia a partir da invasão da Ucrânia pela Rússia em 2023, mas também como reação à instabilidade trazida por lideranças imprevisíveis como Trump. Ao invés de esperar por uma restauração da liderança norte-americana, os europeus estão construindo arranjos que expressem suas prioridades normativas e geopolíticas próprias.

Na Ásia, o fortalecimento da cooperação trilateral entre China, Coreia do Sul e Japão, ainda que cercado de ambiguidades históricas e geopolíticas, também sinaliza uma tentativa de redefinir prioridades regionais. A iniciativa de manter canais de diálogo e desenvolver cadeias produtivas integradas entre os três países é uma forma de resiliência regional diante da pressão norte-americana, sobretudo no setor de semicondutores. Embora o Japão continue aliado aos EUA, a busca por uma diplomacia econômica mais pragmática e voltada à estabilidade regional reflete o reconhecimento da interdependência com a China – maior parceiro comercial da maioria dos países asiáticos.

Essa tendência também pode ser observada na América Latina, região tradicionalmente vinculada aos ciclos políticos e econômicos dos EUA, mas que, nos últimos anos, tem ensaiado alternativas à dependência histórica. A criação da Celac (Comunidade de Estados Latino-Americanos e Caribenhos) em 2010, apesar de seus altos e baixos, marcou o esforço de articular uma diplomacia regional sem a presença dos EUA e do Canadá, ao contrário da Organização dos Estados Americanos (OEA). Mais recentemente, a tentativa de reativação da Unasul e os encontros periódicos da Celac mostram um impulso renovado por parte de diversos governos para construir plataformas regionais que promovam o diálogo político, a cooperação econômica e a coordenação em temas como meio ambiente e integração regional.

Além disso, a postura da América Latina frente à guerra na Ucrânia, em sua maioria pautada por neutralidade pragmática, revela a tentativa de evitar o alinhamento automático com o Ocidente e afirmar posições autônomas. Países como o Brasil, o México e a Argentina adotaram retóricas distintas das dos países da Otan, e buscaram manter laços diplomáticos tanto com a Rússia quanto com os Estados Unidos e a União Europeia. Essa postura é coerente com o mundo multiplex: os países latino-americanos buscam margem de manobra, tentando maximizar sua autonomia estratégica por meio da diversificação de parceiros e da atuação em múltiplos fóruns internacionais.

Da mesma forma, o Oriente Médio oferece outro exemplo eloquente das transformações em curso na ordem global. Tradicionalmente considerado uma das regiões mais instáveis, o Oriente Médio tem assistido a uma série de realinhamentos diplomáticos que fogem das dinâmicas tradicionais de guerra fria regional entre blocos pró-EUA e pró-Irã. Um dos desenvolvimentos mais significativos foi a reaproximação entre Arábia Saudita e Irã, mediada pela China em 2023. Esse acordo – que restabeleceu relações diplomáticas entre os dois países após sete anos de ruptura – é um marco simbólico da emergência de novos mediadores globais, como Pequim, e da disposição dos atores regionais em buscar soluções locais para suas disputas.

Outro fenômeno relevante é o aumento da coordenação entre países do Golfo, não apenas na OPEP+, mas também em questões de segurança energética, digitalização, investimentos e mediação de conflitos. A consolidação de fóruns como o Conselho de Cooperação do Golfo (CCG) e a crescente cooperação com potências asiáticas, como a China e a Índia, demonstram uma mudança de eixo no relacionamento externo da região. O Oriente Médio está se tornando cada vez menos dependente da mediação dos Estados Unidos e mais capaz de construir plataformas multilaterais próprias.

Esse tipo de reconfiguração sistêmica parece apontar para o que Acharya sugere quando afirma que o mundo multiplex não apenas tolera, mas exige maior participação dos países em desenvolvimento na governança global. Essa tendência não é retórica. Iniciativas como o Novo Banco de Desenvolvimento dos Brics, o fortalecimento da União Africana como ator diplomático, e os avanços em zonas de livre-comércio regionais – como a Parceria Econômica Regional Abrangente (RCEP, na sigla em inglês), assinada por quinze países da Ásia-Pacífico – são evidências empíricas de que o Sul Global está deixando de ser um receptor passivo de normas para se tornar coprodutor de diretrizes internacionais.

Nesse contexto, o papel dos países em desenvolvimento vai muito além da busca por voz institucional. Eles estão se tornando laboratórios de inovação normativa e política. O caso do combate à pandemia de Covid-19 – com iniciativas regionais de vacinação coordenadas pela União Africana, ou com a liderança da Índia na produção de imunizantes – demonstrou como novas formas de cooperação Sul-Sul podem ser eficazes, inclusive em contextos de retração da cooperação tradicional do Norte Global. A diplomacia climática também tem testemunhado esse deslocamento: fóruns como o BASIC (Brasil, África do Sul, Índia e China) vêm se posicionando como mediadores entre os interesses dos países industrializados e os das nações mais vulneráveis às mudanças climáticas, em paralelo às iniciativas da ONU.

A estrutura da ordem internacional, portanto, não apenas reage às políticas de Trump – ela se adapta e se reconfigura. Ao desestabilizar o sistema, o unilateralismo dos EUA paradoxalmente acelera a dispersão de autoridade que já vinha se consolidando desde pelo menos a crise financeira global de 2009 e a perda de legitimidade de instituições como o Fundo Monetário Internacional e o Banco Mundial. O mundo multiplex é um arranjo fluido no qual normas podem coexistir sem precisar ser uniformes, e onde instituições globais são desafiadas a dialogar com estruturas regionais diversas e, muitas vezes, rivais.

Parece estar ocorrendo, com isso, um rearranjo de forças internacionais que combina reação conjuntural e estrutural aos desafios impostos pela nova administração Trump. Em termos conjunturais, a mobilização político-diplomática de aliados históricos de Washington e de antigos rivais – como China e Rússia – aponta para uma reorganização dos padrões de alianças e alinhamentos. Em termos estruturais, a ordem internacional liberal enfrentará uma nova situação em que passa a coexistir com múltiplas ordens regionais, iniciativas diplomáticas descentralizadas e centros normativos diversos, com crescente protagonismo de países em desenvolvimento e alinhamentos não ocidentais na gestão de temas globais. Esse deslocamento não significa necessariamente o colapso da ordem liberal, mas sua reconfiguração dentro de uma arquitetura mais fluida e heterogênea, marcada por assimetrias, disputas normativas e mecanismos plurais de governança. Trata-se, em essência, da consolidação do mundo em que a centralidade unívoca das potências ocidentais cede espaço à construção compartilhada – e muitas vezes concorrente – de regras, instituições e práticas internacionais.

Para o Vaticano, essa estrutura sistêmica em gestação é crítica. O legado diplomático de Francisco, baseado na escuta dos "periferizados" e na valorização da diversidade cultural e eclesial, encontra eco direto no *éthos* do mundo multiplex. Ao rejeitar o universalismo abstrato da globalização liberal e propor o "poliedro" como imagem da convivência internacional, Francisco antecipou – talvez de forma profética – a lógica dessa nova configuração global. O desafio de seu sucessor será transformar esse legado em ação diplomática, num cenário em que a Santa Sé precisará articular-se com múltiplos centros de poder e respeitar sensibilidades regionais cada vez mais assertivas.

Isso exigirá, por exemplo, que o Vaticano reforce suas relações com instituições regionais como a União Africana, a Asean e a Celac, ao invés de priorizar exclusivamente seus vínculos tradicionais com a União Europeia ou os Estados Unidos. A ampliação da diplomacia inter-religiosa, o reconhecimento do papel das igrejas locais nas mediações de paz e o apoio a lideranças eclesiais fora do eixo euro-americano serão peças-chave para que a Santa Sé não apenas mantenha sua relevância, mas também contribua com soluções numa ordem internacional em transformação.

Ademais, o Vaticano poderá ter um papel singular na mediação entre esferas de influência que estão em rota de colisão. Se no mundo unipolar a neutralidade da Santa Sé era simbólica, no mundo multiplex ela pode ser funcional. A capacidade da Igreja Católica de dialogar simultaneamente com Washington, Pequim, Moscou e o Sul Global – por meio de sua rede diplomática e pastoral – pode fazer dela uma ponte insubstituível em tempos de fragmentação normativa e diplomática. No entanto, isso dependerá da disposição do novo Pontífice em aprofundar a política de "diplomacia de campo" de Francisco, centrada na presença junto aos povos, no ecumenismo e na paz baseada na justiça.

A era Trump, longe de restaurar uma ordem unipolar dominada pelos Estados Unidos, está acelerando o nascimento de um mundo no qual o poder é mais diluído, as normas são mais contestadas e as instituições globais precisam dialogar com múltiplos atores regionais. É nesse ambiente que o Vaticano terá de redefinir sua vocação diplomática, contribuindo com o *éthos* moral e humanitário de uma ordem que não será mais gerida por um único império, mas construída por muitos – juntos e em tensão.

Como manter uma postura de independência e soberania num mundo polarizado, no qual a rivalidade EUA-China parece definir boa parte das agendas globais? Como mediar conflitos, como a guerra na Ucrânia ou o genocídio israelense em Gaza, quando uma das grandes potências está diretamente envolvida na guerra ou apoia diretamente um dos lados do conflito? Como promover o diálogo multilateral em um momento em que as próprias instituições multilaterais enfrentam sérios desafios?

O novo Papa terá de responder a essas questões em condições adversas. Francisco enfrentou desafios semelhantes defendendo uma "cultura do encontro", promovendo diálogo com atores periféricos e insistindo na dignidade humana como valor universal. Mas a conjuntura atual é ainda mais hostil: a ordem econômica global continua centrada no dólar, o que oferece aos EUA o poder de estrangular economias via sanções; a fragmentação das esferas de influência tende a reduzir os espaços de mediação e a multiplicar as zonas de silêncio diplomático.

O legado do "poliedro" de Francisco, que valorizava a coexistência entre unidade e diversidade, será posto à prova em um mundo cada vez mais dividido em blocos incomunicáveis. Mesmo potências regionais já questionam a legitimidade das regras internacionais, enquanto o colapso da confiança nas instituições universais avança. Para continuar sendo uma voz relevante, a Igreja Católica precisará combinar pragmatismo geopolítico e fidelidade a princípios éticos em um equilíbrio quase milagroso – como aquele que Francisco tentou construir ao longo de seu pontificado, e que agora se mostra mais necessário, mais urgente e, talvez, mais difícil do que nunca.

10
AS COISAS NOVAS DA ERA DIGITAL

Ricardo Hida

Introdução

Em 24 de novembro de 2013, o Papa Francisco promulgou a exortação apostólica *Evangelii gaudium* ("A alegria do Evangelho"), na qual convoca a Igreja a assumir uma postura ativa em defesa dos mais necessitados, especialmente aqueles distanciados da fé. Nesse mesmo documento, o Pontífice relembra aos católicos sua missão de "tornar o Reino de Deus presente no mundo".

Para as gerações formadas a partir da década de 1970, é necessário reconhecer que, além das realidades material e espiritual, configura-se uma terceira esfera: o mundo digital. Este novo espaço tem transformado profundamente a economia, a política, a comunicação, as relações interpessoais e até mesmo a maneira como bilhões de pessoas experienciam e interpretam a fé. Assim, nos últimos anos, torna-se imperativo que o Reino de Deus também se faça presente nas mídias digitais, onde uma parcela crescente dos fiéis atua e interage diariamente.

À primeira vista, essa premissa revela-se historicamente coerente. A evangelização, ao longo da história, sempre incorporou os recursos tecnológicos disponíveis – da imprensa de Gutenberg aos programas televisivos – como meios de difusão da mensagem cristã. Contudo, nas últimas décadas, as próprias dinâmicas das redes sociais, aliadas ao avanço de uma cultura cada vez mais individualista e narcisista, como bem colocaram Gilles Lipovetsky e Christopher Lasch, têm gerado um ambiente menos propício à evangelização tradicional. Emergiram novas tensões no universo católico, com o deslocamento da autoridade espiritual do clero para influenciadores digitais muitas vezes desprovidos de formação teológica adequada e o crescente alinhamento político de grupos católicos com movimentos de extrema-direita.

Este capítulo propõe-se a delinear os principais desafios que Leão XIV enfrentará no âmbito comunicacional, o qual permanece uma das bases essenciais da missão evangelizadora da Igreja de Pedro. Entre tais desafios destacam-se: promover a evangelização sem se tornar refém da lógica da indústria do entretenimento; reduzir as polarizações religiosas e políticas dentro da própria Igreja; resguardar a autoridade doutrinária em um ambiente digital caótico, fragmentado e resistente à hierarquia; preservar a cultura de escuta e diálogo instaurada pelo Papa Francisco; proteger os símbolos sagrados de profanações virtuais; administrar crises em tempo real; garantir a inclusão de populações vulneráveis no espaço digital; capacitar o clero para o uso ético e pastoralmente coerente das mídias digitais e lidar com influenciadores digitais que se autointitulam católicos incubadores de polêmicas, criando visão muito autônoma do catolicismo, manipulando as crenças dos internautas para uma lógica consumista.

Para tanto, será apresentada primeiramente uma síntese da forma como São João Paulo II, Bento XVI e Francisco empregaram a internet em seus respectivos pontificados, bem como uma análise das atuais práticas digitais da Igreja e de seus fiéis.

A missão primordial da Igreja – anunciar a Boa-Nova – permanece inalterada. Todavia, após dois milênios, embora o conteúdo do

Evangelho já não represente uma novidade, as ferramentas de sua divulgação evoluíram substancialmente. Mais do que meros instrumentos de comunicação, as redes sociais possuem o poder de reconfigurar doutrinas religiosas e políticas em escala global, minar autoridades e hierarquias e fragmentar, com uma rapidez sem precedentes, a unidade e a universalidade que constituem os pilares do catolicismo.

Tradição e tecnologia: uma relação de desconfiança há séculos

A relação entre a Igreja Apostólica Romana e as tecnologias de comunicação sempre se configurou como uma tensão dialética entre resistência inicial e apropriação estratégica. Enquanto uma das instituições mais antigas do Ocidente – se não a mais antiga, a Igreja tem exercido historicamente o duplo papel de criadora e guardiã de sua própria tradição e agente adaptativo frente às transformações culturais e tecnológicas. Essa postura ambivalente tem exigido sucessivas negociações diante de inovações comunicacionais, que vão desde a prensa de Gutenberg ao rádio, passando pelo uso do microfone no altar, o registro cinematográfico de rituais, a comercialização de LPs e atualmente EPs de música sacra pela televisão, até chegar à internet e suas inúmeras possibilidades e desafios.

A trajetória da Igreja demonstra uma notável capacidade de, após intensos debates internos, incorporar novas tecnologias à sua missão evangelizadora. O registro cinematográfico mais antigo de uma personalidade de relevância global é justamente do Papa Leão XIII, filmado em 1896 por Vincenzo e Vittorio Calcina. Leão XIII também protagonizou outro marco tecnológico ao registrar, em 1903, a *Ave-Maria* em latim, utilizando as incipientes tecnologias fonográficas da época. Embora o rádio tenha suscitado, inicialmente, certo ceticismo, rapidamente foi integrado à estratégia pastoral, culminando na fundação da Rádio Vaticano em 1931.

Com a chegada da internet e, posteriormente, das mídias sociais, essa tensão entre tradição e inovação se intensificou. Por um lado, tais plataformas ampliaram exponencialmente as possibilidades de evangelização e de diálogo inter-religioso; por outro, suscitaram novos desafios teológicos, pastorais e comunicacionais, especialmente no que concerne à mediação digital de rituais e práticas devocionais.

Durante o pontificado de São João Paulo II, em 1995, foi lançado o site oficial do Vaticano – uma iniciativa pioneira, considerando que a esmagadora maioria das instituições e empresas ainda não havia estabelecido presença digital. As mensagens do Pontífice, o primeiro a usar e-mail, reconheciam a internet como um novo *areópago*, sinalizando uma postura de abertura cautelosa diante do ambiente digital emergente.

Durante o pontificado de Bento XVI, a Santa Sé iniciou uma inserção mais sistemática e deliberada no ambiente digital. Em 12 de dezembro de 2012, foi inaugurado o perfil @Pontifex na rede social Twitter (atualmente denominada X), com publicações traduzidas para nove idiomas. Embora o Papa emérito demonstrasse certa reserva pessoal quanto ao uso direto dessas tecnologias, reconhecia seu potencial estratégico ao descrever as redes sociais como "novas ágoras", nas quais a presença evangelizadora deveria ser afirmada. Sua atuação, no entanto, permaneceu marcada por uma perspectiva institucional e hierarquizada, voltada prioritariamente à veiculação de conteúdos doutrinários e espirituais, evitando o engajamento em temas de natureza política ou controversa. Ainda que breve – encerrando-se com sua renúncia em 2013 – sua participação na plataforma resultou na conquista de mais de 2,5 milhões de seguidores, um dado significativo para o período. A comunicação promovida por Bento XVI evidenciava um modelo unidirecional, alinhado à concepção tradicional dos meios de comunicação de massa, nos quais a tecnologia é compreendida como instrumento de disseminação e não necessariamente como espaço interativo de construção comunitária.

Com a ascensão do Papa Francisco ao trono de Pedro, observou-se uma reformulação substancial da política comunicacional da Santa Sé. Em consonância com as transformações sociotécnicas provocadas pela midiatização digital, Francisco instituiu, em 2016, a Secretaria para a Comunicação, um novo dicastério com a função de reestruturar e integrar os diversos órgãos vaticanos de mídia. Essa centralização abrangeu instituições como o Centro Televisivo Vaticano, a Livraria Editora Vaticana, o jornal *L'Osservatore Romano*, a Rádio Vaticano, a Sala de Imprensa da Santa Sé, além de setores técnicos como o Serviço Fotográfico, a Tipografia Vaticana e o Serviço Internet. No decreto que fundamentou essa reforma, o Pontífice justificou a medida à luz do "contexto comunicativo atual", caracterizado pela expansão das mídias digitais, pela convergência entre plataformas e pela crescente interatividade. A criação da marca *Vatican News* consolidou esse movimento, ao promover uma presença ativa e coordenada da Igreja em redes sociais como Facebook, Instagram, Twitter e YouTube. Com isso, a Santa Sé buscou potencializar a articulação de redes socioeclesiais e ampliar a eficácia da comunicação institucional no cenário digital contemporâneo.

Até 2025, a conta @Pontifex ultrapassou os 53 milhões de seguidores, representando um crescimento de 2020% em doze anos, com uma taxa média anual de 39%. Para efeito comparativo, dados da Reportal indicam que, no mesmo período, o crescimento anual médio global de usuários da internet foi de aproximadamente 9%. Em 2016, foi criada a conta @Franciscus no Instagram, que alcançou cerca de 10 milhões de seguidores. No YouTube, o canal Vatican News – que transmite audiências gerais, pronunciamentos e viagens apostólicas – superou os 850 mil inscritos.

O Papa Francisco implementou um estilo comunicacional relacional e dialógico, orientado a aproximar o papado do cotidiano das pessoas. Em contraste com seu predecessor, abordou de maneira sistemática e recorrente questões indigestas políticas e sociais contemporâneas – como justiça social, crise climática, migração, economia e o armamentismo –, pautando meios de comunicação internacionais e incentivando declarações públicas e ações de chefes de Estado sobre tais temáticas. Essa estratégia lhe garantiu expressiva visibilidade midiática, especialmente no ambiente digital, ao mesmo tempo em que suscitou críticas, inclusive em setores internos do Vaticano. Grupos conservadores, notadamente nos Estados Unidos, no Brasil e em países europeus, interpretaram suas ações como uma ruptura com a tradicional neutralidade política do papado, acusando-o de instrumentalizar as redes sociais em prol de agendas progressistas, supostamente em detrimento da ortodoxia doutrinária. Por outro lado, teólogos e comunicadores alinhados à perspectiva de Francisco sustentaram que sua atuação digital procurava restaurar a centralidade do Evangelho como mensagem social e inclusiva.

A postura do antecessor de Leão XIV, marcada pela abertura ao diálogo, pela escuta sensível e pela receptividade às demandas de grupos historicamente marginalizados, bem como suas ações diplomáticas amplamente divulgadas nas mídias digitais, conferiu-lhe uma projeção simbólica de grande relevância no cenário contemporâneo. No entanto, essa mesma orientação pastoral suscitou reações adversas sem precedentes no interior do catolicismo, cuja tradição valoriza, em termos históricos, a coesão interna e a fidelidade ao sucessor de Pedro. As críticas dirigidas por membros do alto clero e por segmentos mais conservadores do laicato – muitas vezes intensificadas pela cobertura midiática e pela dinâmica viral das redes sociais – tornaram-se mais audíveis e incisivas do que as demonstrações públicas de apoio, revelando tensões latentes na configuração atual da Igreja. Dessa forma, é possível afirmar que a transição de uma comunicação unidirecional e institucionalizada, característica do pontificado de Bento XVI, para um modelo comunicacional horizontal e participativo, adotado por Francisco, reflete não apenas distinções de habilidades comunicacionais, carisma, temperamento e estilo pessoal, mas também profundas divergências teológicas e pastorais quanto ao papel da Igreja na era digital. Para Bento XVI, as redes sociais constituíam instrumentos de evangelização, preservação da identidade doutrinária e manutenção da hierarquia eclesiástica. Francisco, por sua vez, as concebeu igualmente como espaços de construção de vínculos, defesa de causas sociais e exercício de escuta pastoral em tempo real.

A presença pontifícia nas redes sociais não apenas ampliou o alcance da mensagem católica, mas também transformou esses ambientes digitais em arenas simbólicas onde as tensões internas da Igreja – entre tradição e inovação, entre ortodoxia e atualização – tornaram-se visíveis à comunidade globalizada.

É plausível afirmar que a tensão entre católicos tradicionalistas e progressistas, amplificada e reiterada pelas redes sociais, constitui o desafio mais premente e significativo que se apresentará ao novo Pontífice no campo da comunicação digital. Contudo, essa não será sua única preocupação. Persistem ao menos outros nove aspectos que os pontificados anteriores não conseguiram administrar plenamente. Tais desafios, embora não exclusivos da Igreja Católica, exercem sobre ela um impacto substancial e duradouro.

Desafios digitais do novo Pontífice

O modelo de catolicismo centrado nas massas e nas grandes concentrações de fiéis, predominante nas últimas décadas do século XX, cede lugar, no início do século XXI, a novas configurações da experiência religiosa. Essas são marcadas por práticas individuais ou coletivas que operam com distintos níveis de autonomia espiritual, frequentemente articuladas por meio de conexões digitais. Tal reconfiguração ocorre em paralelo a dois fenômenos relevantes: a migração de fiéis católicos para outras tradições religiosas e sistemas simbólicos – processo que ultrapassa as fronteiras nacionais – e a progressiva desinstitucionalização das estruturas eclesiásticas. Esses movimentos contribuem para uma crescente fragmentação das manifestações do catolicismo, sobretudo no contexto das redes digitais, onde múltiplas formas de expressão religiosa coexistem de maneira descentralizada, fluida e, muitas vezes, descompromissadas com a institucionalidade.

Esse cenário é amplamente explicado pelo predomínio de uma sociedade narcisista, na qual os indivíduos tendem a buscar na religião não a submissão a normas ou identidades coletivas, mas a validação de suas próprias identidades, ideologias e valores. A experiência religiosa, nesse contexto, torna-se orientada por práticas que: (1) espelham e confirmam a identidade pessoal; (2) oferecem autocuidado, resultados empiricamente observáveis de efeito imediato; (3) estabelecem vínculos fluidos e superficiais com outros adeptos; (4) adaptam ritos à disponibilidade temporal, espacial e emocional dos participantes; (5) funcionam como formas de entretenimento, disputando atenção com outras atividades artísticas, culturais e esportivas; e (6) propõem doutrinas que legitimam a autonomia individual e comportamentos próprios da lógica corporativa contemporânea. Diante desse quadro, o sucessor do Papa Francisco enfrentará desafios consideráveis, uma vez que tais características dos tempos pós-modernos vão de encontro aos fundamentos estruturantes da Igreja Católica há séculos.

Espera-se, desde já, do novo Pontífice, ao menos a capacidade de manter um nível comunicacional com os fiéis equivalente ao demonstrado por seu antecessor. Tal expectativa transcende a mera unilateralidade da comunicação, a rejeição de qualquer eventual retomada de comunicação e símbolos monárquicos, anacrônicos, ostentatórios ou onerosos – práticas já abolidas pelo Papa Francisco em 2013. Mais do que isso, implica a preservação de uma postura de diálogo contínuo e de acolhimento pastoral, traços que caracterizaram positivamente o pontificado de Francisco e que foram amplamente reconhecidos tanto pela comunidade católica quanto pela opinião pública internacional.

Ao adotar pública e digitalmente posicionamentos firmes em relação a temas sensíveis – como a política de acolhimento aos refugiados, a crise climática e os conflitos armados em diferentes regiões –, o Papa Francisco conferiu à Igreja Católica um protagonismo renovado no âmbito da diplomacia, das mídias, da economia e da política global, áreas nas quais sua influência havia anteriormente deteriorado.

Nesse cenário político e social, espera-se igualmente que o novo Papa adote uma postura conciliadora que, sem ceder ou retroceder diante das reformas e do legado de Francisco – apesar das manifestações histriônicas de grupos reacionários católicos, notadamente nas redes sociais –, fortaleça as orientações do Concílio Vaticano II, como vinha sendo feito por seu predecessor. Além disso, deverá restaurar o senso de unidade interna da Igreja, fortemente dividida desde o colégio de cardeais, e reconstituir a autoridade doutrinária do papado, buscando neutralizar as narrativas promovidas por setores católicos alinhados a grupos políticos radicais, cuja presença tem sido particularmente significativa em plataformas digitais como o YouTube e o X. Este desafio configura-se, possivelmente, como o mais complexo e urgente no contexto do universo digital contemporâneo, onde a multiplicidade de vozes e o estímulo contínuo à polêmica constituem elementos estruturantes.

As comparações estabelecidas entre as posições do Papa Francisco e aquelas de seus dois predecessores frente aos complexos problemas contemporâneos contribuíram para a difusão de uma narrativa distorcida que procurou associar seu pontificado a uma suposta afinidade com ideologias comunistas. Essa interpretação reducionista, fomentada por determinados grupos tradicionalistas católicos, encontrou terreno fértil nas redes sociais, onde buscou instaurar um clima de divisionismo em múltiplos níveis da estrutura eclesial.

No contexto brasileiro, por exemplo, tal polarização manifestou-se, de modo emblemático, nas tensões públicas observadas nas principais plataformas digitais – como Facebook, YouTube, Instagram e X – entre Frei Gilson e Padre Júlio Lancellotti. Em abril de 2024, pouco após o falecimento de Francisco, ambos os sacerdotes trocaram mensagens fraternas por meio das redes sociais e participaram de um encontro que resultou na publicação de uma fotografia conjunta, simbolizando um gesto de união e fraternidade. Contudo, essa iniciativa também foi alvo de críticas contundentes e manifestações de escárnio, sobretudo por parte de influenciadores digitais católicos alinhados a setores autointitulados tradicionalistas.

Esse episódio ilustra não apenas a complexidade das disputas internas no catolicismo contemporâneo, no Brasil e no exterior, mas também o papel amplificador das redes sociais na consolidação de narrativas polarizadoras. Tal dinâmica reforça a urgência de uma liderança Pontifícia que, além de preservar a unidade doutrinária, seja capaz de dialogar com as múltiplas sensibilidades eclesiais e promover a cultura do encontro – princípio reiteradamente enfatizado por Francisco ao longo de seu papado.

Nesse contexto, ao Papa Leão XIV caberá a tarefa de avaliar com discernimento o impacto crescente dos influenciadores digitais católicos, sobretudo daqueles que não pertencem ao clero e cuja atuação segue as dinâmicas típicas das plataformas digitais, voltadas à segmentação de audiência e à promoção de padrões individualizados de consumo religioso. Tais figuras, muitas vezes, adotam discursos pautados por traços de narcisismo e exclusão, distanciando seus seguidores tanto da vida comunitária eclesial quanto da centralidade evangélica institucional. Não raramente, estabelecem vínculos com movimentos políticos de orientação ultraconservadora, naturalizando desigualdades sociais por meio de uma retórica que se aproxima da teologia da prosperidade, e difundindo perspectivas de cunho fundamentalista, moralizante, psicologizante e reducionista. A lógica das redes sociais, ao permitir que qualquer agente ou perfil se apresente como autoridade religiosa, contribui para a diluição dos limites entre o magistério oficial da Igreja e interpretações pessoais, frequentemente descontextualizadas. Esse cenário favorece a proliferação de *fake news* religiosas e a circulação de versões distorcidas do cristianismo, comprometendo não apenas a clareza doutrinária, mas também a própria coesão e credibilidade da instituição eclesial. Isso porque tais influenciadores, que chamamos de profetas digitais, na medida que se colocam no sentido weberiano como elementos contrários à burocracia e a estrutura formal das religiões, têm dirigido críticas destrutivas à linha institucional da instituição ou, alternativamente, veiculado interpretações superficiais, humorísticas e até vulgares da práxis cristã. Nesse contexto, percebe-se como urgente que o novo Pontífice reaja ao deslocamento progressivo da autoridade no discurso doutrinário – tradicionalmente fundamentado nas Escrituras, na Tradição e no Magistério, cuja prerrogativa compete ao clero – para comunicadores digitais carentes de formação teológica sólida, reassumindo o protagonismo nas narrativas do mundo digital. Os influenciadores digitais, valendo-se de frases de efeito, recursos emocionais, algoritmos e discursos simplificados de autoajuda, têm conquistado influência considerável entre os fiéis, frequentemente em detrimento da profundidade e autenticidade de teologias respeitáveis.

O anúncio do Evangelho, portanto, está no centro de toda essa discussão. Não apenas a legitimidade de quem o prega, mas a coerência da mensagem e o tamanho da audiência. Há, portanto, mais de uma década, a evangelização das novas gerações no ambiente virtual tem se configurado como um dos desafios centrais para a Igreja. O novo pontificado deverá assumir o controle da narrativa, garantir sua presença cotidiana junto à juventude, comunicando dogmas e valores milenares em linguagens concisas, visuais e de consumo imediato, sem, contudo, sacrificar a densidade teológica. De igual modo, será necessário desenvolver estratégias para proteger os ritos e símbolos sagrados diante de comunicadores mal-intencionados, dentro e fora da religião, que descontextualizam narrativas e signos religiosos, convertendo-os em polêmicas midiáticas com o intuito de maximizar audiência e monetização dos conteúdos produzidos. Cabe refletir, por exemplo, sobre as implicações éticas e pastorais de práticas como a transformação da Eucaristia em emojis ou memes, além do crescente volume de conteúdos ofensivos e vilipendiadores da fé que circulam livremente nas redes. O futuro Pontífice precisará estabelecer uma postura carismática que tenha largo alcance digital, conjugue firmeza com respeito aos princípios democráticos, evitando tanto o silenciamento quanto o vitimismo estéril.

No ambiente digital contemporâneo – caracterizado pela aparente ausência de limites normativos e pela carência de códigos éticos consensuais, torna-se imprescindível que a religião resista à lógica do espetáculo, da viralização e da autopromoção. A transformação de valores espirituais em formas de entretenimento efêmero tem propiciado o surgimento de lideranças eclesiais mais preocupadas com a visibilidade pessoal e a autopromoção do que com a genuína missão evangelizadora. Tal dinâmica, embora intensificada nas últimas décadas, não é um fenômeno inteiramente novo. Já se observavam, em épocas anteriores, sacerdotes que alcançavam notoriedade em meios como o rádio e a televisão. Contudo, tais expressões de popularidade eram, então, objeto de um controle velado, porém rigoroso, exercido pelas instâncias hierárquicas superiores da Igreja. Além disso, as mensagens transmitidas alinhavam-se ao *éthos*, ao *lógos* e ao *páthos* igual e institucionalmente legitimados.

Atualmente, esse quadro sofreu considerável transformação. A expressão "evangelização influenciadora" tem sido amplamente empregada para descrever práticas catequéticas que privilegiam a busca por "curtidas" e por um engajamento superficial, em detrimento da reflexão teológica aprofundada e do fortalecimento do etos católico.

Paralelamente, padres, catequistas e agentes de missão vêm sendo pressionados, inclusive por segmentos bem-intencionados do laicato, a manter uma presença digital ativa e expressiva. Essa demanda tem gerado sintomas de ansiedade, esgotamento e, em certos casos, vaidade espiritual. Nota-se, ademais, uma lacuna formativa significativa quanto à comunicação responsável, ética digital e leitura crítica dos algoritmos, tanto entre o clero quanto entre os jovens evangelizadores – configurando-se, assim, mais um desafio urgente para o Papa Leão XIV. As redes sociais não toleram o vácuo. O espaço não ocupado pelos especialistas é invadido por amadores. O crescimento dos falsos profetas católicos digitais é resultado de um processo lento, mal estruturado e anacrônico da própria Igreja. Nesse sentido, o ativismo proselitista dos evangélicos brasileiros e estadunidenses é referência. As grandes lideranças das diferentes denominações ocuparam pioneiramente as diferentes mídias sociais não deixando espaço para arrivistas e forasteiros.

As mídias sociais sobretudo desafiam estruturas tradicionais de autoridade e controle discursivo. A descentralização da produção e disseminação de conteúdos religiosos permite que atores leigos, movimentos paraeclesiásticos e até dissidentes promovam interpretações teológicas alternativas ou contestatórias, criando um ecossistema comunicacional fragmentado. Além disso, tais plataformas favorecem lógicas algorítmicas que privilegiam o imediatismo, a polarização e a espetacularização, frequentemente em desacordo com os princípios de reflexão crítica e ponderação ética defendidos pela doutrina católica.

Além disso, torna-se indispensável a criação de uma estrutura mais eficiente de gestão de crises no contexto contemporâneo. Nas últimas décadas, centenas de escândalos envolvendo membros do clero vieram à tona em diversas partes do mundo, incluindo o Brasil. As respostas institucionais oferecidas pela Igreja Católica, frequentemente dúbias, tardias e tímidas, contribuíram para alimentar as narrativas promovidas por influenciadores digitais críticos aos dois últimos pontificados.

Por fim, à luz do já referido *Evangelii gaudium*, impõe-se uma reflexão acerca do papel que cabe à Igreja Católica no fomento e apoio a iniciativas digitais voltadas à inclusão de grupos vulneráveis e comunidades periféricas no universo digital – espaço que, por sua natureza, interliga dimensões políticas, econômicas, culturais e religiosas. Torna-se premente considerar de que modo as diversas pastorais podem não apenas aprimorar o uso das tecnologias digitais para a difusão da mensagem evangélica, mas também empregá-las como instrumentos para a promoção da dignidade humana e a ampliação das oportunidades de participação social, política, econômica, educacional e eclesial.

Considerações finais

A presença da Igreja nas mídias sociais, portanto, não elimina a tensão entre tradição e inovação, mas a reinscreve em novas bases. A instituição procura equilibrar a necessidade de comunicar-se com públicos globais e diversos, mantendo sua autoridade moral e doutrinária, enquanto enfrenta desafios como *fake news* religiosas, discursos de ódio e apropriações ideológicas de símbolos cristãos. Tal cenário evidencia não apenas a resiliência institucional da Igreja, mas também a complexidade de sua inserção em um ambiente comunicacional marcado pela fluidez e pela constante mutação tecnológica.

Os desafios que se apresentam ao novo Pontífice no campo da comunicação digital não se limitam apenas à administração de tecnologias ou à atualização de estratégias midiáticas. Eles tocam no cerne da missão pastoral contemporânea: preservar a integralidade da doutrina, a espiritualidade e a universalidade do catolicismo em um ambiente marcado pela fragmentação, pelas polarizações, pelo narcisismo e pela volatilidade consumista e informacional. Mais do que um comunicador eficaz, o Papa Leão XIV precisará exercer um papel conciliador, de hábil negociador, capaz de mediar as tensões internas entre setores conservadores e progressistas, que se intensificaram e se tornaram mais visíveis com a amplificação proporcionada pelas redes sociais, sem abrir mão de sua autoridade e retroceder com as reformas propostas por seu antecessor.

A trajetória institucional da Igreja demonstra que sua presença no ambiente digital não foi abrupta, mas fruto de uma evolução progressiva. Desde as primeiras iniciativas do pontificado de São João Paulo II – que, em 1995, lançou o site oficial do Vaticano e foi o primeiro Papa a disparar um e-mail –, passando pela abordagem catequizadora, cautelosa e hierárquica de Bento XVI, até alcançar o estilo relacional e dialógico implementado por Francisco, a Igreja percorreu um caminho que a transformou de espectadora para protagonista no ecossistema digital global. Essa evolução culminou em uma comunicação mais próxima, participativa e aberta ao debate social contemporâneo, ainda que não isenta de desafios e controvérsias, sobretudo internamente.

Ao novo Bispo de Roma caberá não apenas manter essa presença digital, mas aprofundá-la com equilíbrio, firmeza doutrinária e sensibilidade pastoral. Será necessário recuperar o protagonismo da narrativa, estabelecer limites claros diante dos falsos profetas digitais, enfrentar a fragmentação de autoridades teológicas promovida por influenciadores digitais sem formação adequada e, sobretudo, restaurar e fortalecer a unidade eclesial, a autoridade doutrinária do Papa, respeitando a diversidade legítima de expressões e pensamentos no interior da Igreja e dialogando em tempo real com os fiéis e com o resto do mundo.

Assim, mais do que uma mera adaptação aos tempos digitais, espera-se que o Leão XIV reafirme o essencial: que a comunicação, em qualquer plataforma ou formato, esteja sempre a serviço da missão evangelizadora e do encontro humano autêntico. Como afirmou o Papa Francisco, "a unidade prevalece sobre o conflito" (*Evangelii gaudium*, n. 226).

11
OS DESAFIOS ECONÔMICOS PARA ESTE TEMPO DO MUNDO

Eduardo Brasileiro

O bilionário Warren Buffett promete doar mais de 99% da fortuna. O megainvestidor explica que, ao contrário de outras pessoas, a doação de 99% da riqueza da família não gerará privações aos Buffett: "Este compromisso manterá meu estilo de vida e o dos meus filhos intocados. Eles já receberam quantias significativas para uso pessoal e receberão mais no futuro. Eles vivem vidas confortáveis e produtivas. E eu continuarei a viver de uma maneira que me dê tudo o que eu poderia desejar na vida".

Refletir os desafios econômicos de um tempo exige ler as tramas que foram construídas do último século para cá. A formação das elites regionais e locais, os desafios de consolidação de políticas distributivas, a adesão nas últimas décadas ao neoliberalismo e as características geográficas, políticas e culturais que se impõem ora como oportunidade, ora como amarra às possibilidades de futuro. A economia política é um tema central para o desenvolvimento da vida humana neste período e deverá ser buscada a centralidade do seu projeto para o mundo atual, interpelado pelos impactos da ação humana no planeta.

Vivemos em um tempo do mundo em ruínas, uma localização da nossa efemeridade e um alerta para o nosso adoecimento. Estamos em uma época decisiva, de formulação de alternativas e construção de caminhos comuns para a humanidade. Na dança humana entre o tempo que nos desafia e a época que é a consciência que tomamos para transformar, fazemos a opção por compreender a economia não como uma ciência pura que observa o humano em suas incapacidades e tendo ela todas as respostas. Escolhemos entender a economia como raiz de uma crise política profunda, onde os agentes que a mobilizam distorcem seu sentido, deturpam sua funcionalidade e criam colapsos no tecido da biosfera. Somos filhos de uma época de decisão, em que o nosso tempo é o da urgência histórica em revolucionar a lógica de viver que fomos inseridos.

A história econômica de hoje vista pelo passado

Os cento e trinta e quatro anos que separam a publicação da encíclica *Rerum novarum* sobre a condição do operário do século XIX, um documento que serviu de justificativa para construção de bases sólidas de leis trabalhistas e que culmina também na formação da Organização Internacional do Trabalho (OIT) em 1907, compõem a trilha entre os tempos antigos e atuais da urgência em se repensar a forma da economia no mundo é um desafio que há algumas décadas vem se expandindo devido ao fim do ciclo de promessas de prosperidade do capitalismo.

A partir da década de 1930, o mundo testemunhou uma profunda reconfiguração econômica em resposta à Grande Depressão. Nos países centrais do capitalismo – especialmente na Europa e nos Estados Unidos – o colapso do mercado autorregulado levou à compreensão de que a economia não poderia mais ser separada da sociedade. Foi nesse contexto que surgiram os fundamentos do chamado Estado de bem-estar social, com políticas públicas voltadas à seguridade social, ao pleno emprego e à redistribuição de renda. A crise revelou os limites do liberalismo econômico clássico e abriu espaço para a intervenção estatal como forma de garantir estabilidade, coesão social e reconstrução nacional. O pacto entre capital, trabalho e Estado marcou a política econômica dos países desenvolvidos no pós-guerra, promovendo crescimento com relativa inclusão social, acesso a direitos trabalhistas e políticas universais de saúde e educação.

Por outro lado, essa trajetória não foi compartilhada pelos países do chamado Sul Global. Ao invés de experimentarem um ciclo de fortalecimento de instituições públicas e redistribuição de riqueza, essas nações permaneceram atreladas a uma lógica de dependência estrutural. Muitas vezes orientadas por economias exportadoras de produtos primários e pela fragilidade industrial, essas sociedades enfrentavam graves desigualdades internas, elites rentistas e uma constante instabilidade política. A promessa de desenvolvimento autônomo foi frequentemente sufocada por dívidas externas, intervenções políticas e exigências de ajustes estruturais impostos por organismos internacionais. O que, nos países centrais, representava um avanço no pacto social, nos países periféricos consolidava uma forma de capitalismo excludente, marcado por ciclos de dependência, pobreza e desindustrialização precoce. Assim, enquanto os centros do capitalismo buscavam mecanismos de proteção social, o Sul Global lutava contra os efeitos colaterais de uma ordem mundial que relegava essas economias a posições subordinadas na divisão internacional do trabalho.

Para Furtado, o subdesenvolvimento não era uma etapa anterior ao desenvolvimento, mas uma forma histórica concreta de inserção periférica no capitalismo mundial, portanto, o subdesenvolvimento existia como amarra condicionada aos países do sul global e não como uma etapa a ser superada. Ele demonstrou como a estrutura produtiva do sul global se organizava de forma desigual e combinada, com setores modernos convivendo com formas arcaicas, mantendo o país preso a uma lógica de dependência tecnológica e financeira. Para Furtado, romper com o subdesenvolvimento exigia um Estado planejador, políticas de redistribuição e uma industrialização orientada para o mercado interno.

Aníbal Quijano contribui de forma decisiva para compreender a persistente desigualdade entre centro e periferia a partir de seu conceito de colonialidade do poder. Para ele, mesmo após o fim formal do colonialismo, os países do Sul Global permaneceram presos a uma lógica de dominação baseada na raça, na hierarquização do conhecimento e na subordinação econômica. Essa colonialidade estrutura o sistema-mundo capitalista, mantendo as economias periféricas em condição de dependência e extrativismo, e impedindo o desenvolvimento autônomo de formas próprias de organização econômica e social. A modernidade, portanto, não é universal nem neutra: ela é inseparável do colonialismo e da exploração. Nesse sentido, as promessas de progresso e bem-estar oferecidas pelo centro do sistema nunca foram plenamente estendidas às periferias. O desafio, segundo Quijano, é descolonizar o poder, o saber e o ser, criando formas alternativas de economia e sociedade que não reproduzam as lógicas impostas pela matriz colonial-capitalista.

A teoria da dependência de Ruy Mauro Marini foi profundamente importante para compreender o conceito de *superexploração do trabalho* como uma das marcas do capitalismo periférico do sul global. O subdesenvolvimento na América Latina não é apenas um estado de atraso, mas uma condição funcional ao desenvolvimento das economias centrais. A inserção destes países na economia global se dá por meio da transferência de valor para o centro do mundo (Europa e EUA), o que impede a consolidação de um ciclo autônomo de acumulação de capital. Assim, o desenvolvimento das forças produtivas nas periferias é permanentemente bloqueado por relações de dependência econômica, tecnológica e financeira.

O desafio deste período foi compreender a aposta da expansão industrial sem alterar a estrutura social herdada do passado colonial-escravista do sul global. O crescimento impulsionado pelo capital externo e pela abertura ao investimento estrangeiro nestes países agravava a dependência tecnológica e financeira do país, tornando o desenvolvimento destes países vulnerável às crises internacionais.

Com o avanço do neoliberalismo nos anos 1990, essas contradições se intensificaram. O desmonte do Estado nacional-desenvolvimentista, a abertura econômica descontrolada e a financeirização da economia aprofundaram a vulnerabilidade externa, a desindustrialização precoce e o desemprego estrutural. A economia da periferia passou a depender cada vez mais da exportação de *commodities* e da atração de capital especulativo, abandonando os investimentos em infraestrutura, ciência e tecnologia. A lógica da austeridade fiscal e da subordinação ao capital financeiro internacional impôs um modelo de crescimento excludente, instável e ambientalmente insustentável.

Os limites estruturais das economias periféricas necessitam de caminhos alternativos, que envolvam a democratização das instituições, a valorização do trabalho, o combate às desigualdades raciais e sociais, e a construção de um Estado capaz de planejar e orientar o desenvolvimento de forma estratégica e solidária, o que deverá ser orientado também por uma política internacional agregadora a esses valores e, por isso, pela construção de um novo multilateralismo.

A China ainda é cercada por um forte tabu no Ocidente, resultado de uma visão enviesada que a reduz a uma ditadura autoritária ou a uma simples potência capitalista em ascensão. Debater essas questões com a visão do ocidente é trabalho para outro momento. Importante é não ignorar os elementos originais de seu modelo de desenvolvimento, que articula planejamento estatal, inovação tecnológica e inclusão social, desafiando a ortodoxia neoliberal. Ao combinar mecanismos de mercado com uma orientação socialista de longo prazo, a China torna uma peça-chave na construção de um multilateralismo global que se contrapõe à hegemonia bélica e unilateral dos Estados Unidos, oferecendo alternativas concretas de cooperação internacional baseadas em soberania, desenvolvimento e paz, como demonstrado pela Iniciativa do Cinturão e Rota e pela ampliação dos Brics. Ao propor uma nova arquitetura geopolítica e econômica, a China desestabiliza o monopólio de poder do Ocidente e abre espaço para a emergência de uma ordem mundial mais equilibrada e multipolar, incapaz de resolver os problemas de cada país periférico, mas necessária para se superar as amarras do monopólio das elites brasileiras.

As economias periféricas vistas do olho do furacão

Uma disputa de agendas antagônicas tomou o ambiente político do final do século XX para cá, XXI. Por um lado, a agenda distributiva que se apoia na Constituição dos países para fazer uso do gasto público e do Estado como indutor de um crescimento que resulta da distribuição de renda e da força do mercado interno. Já a segunda agenda propõe reformar das Constituições para reduzir gastos públicos e o protagonismo estatal, e assim buscar estimular o crescimento com base na melhoria das condições de oferta.

Segundo os economistas Pedro Rossi e Juliane Furno, a segunda agenda, a neoliberal, construiu uma ideia de estado pequeno, enxuto, coeso e funcional. Ideias facilmente coláveis, como chiclete, que colocaria qualquer opositor em uma situação difícil de justificativa, contudo, se for observar o que realmente acontece é o contrário. Não há melhoria na forma do estado, só há uma apropriação sobre o direcionamento da riqueza estatal. Que se ora estava engajada em combater a pobreza, agora está voltada a fortalecer o capital financeiro.

A origem das distorções na compreensão da economia está enraizada em um processo histórico. A economia, inicialmente concebida como economia política, emergiu a partir de categorias analíticas como a teoria do valor-trabalho, a divisão do trabalho, o conceito de classe social, a acumulação de capital, a renda, o salário e o lucro, além de incorporar uma crítica ao fetichismo das mercadorias e uma abordagem dialética e histórica. Essas discussões macroestruturais forneceram os fundamentos para compreender os mecanismos do capitalismo e, ao mesmo tempo, propor limites à sua expansão predatória. No entanto, com o avanço das correntes marginalistas e, posteriormente, da escola neoclássica, a economia foi progressivamente esvaziada de seu conteúdo político e social. A ênfase deslocou-se para o indivíduo como unidade analítica, baseado no utilitarismo e na racionalidade instrumental, promovendo uma leitura técnica e aparentemente neutra da realidade, que esconde os conflitos entre capital e trabalho e naturaliza as desigualdades sociais.

Esse deslocamento teórico teve implicações diretas na formulação de políticas econômicas. A separação entre economia e política não apenas retirou a economia do domínio público e do debate democrático, como também legitimou a consolidação de estruturas institucionais voltadas para os interesses do capital financeiro, sob a justificativa da "eficiência técnica". Um exemplo emblemático desse processo é a defesa da autonomia dos bancos centrais. Apresentada como uma garantia de estabilidade monetária, essa autonomia, na prática, funciona como um mecanismo de blindagem das decisões econômicas frente às demandas sociais. Subtrai-se do campo democrático a possibilidade de decisão sobre política monetária, juros e controle de inflação, entregando essas funções a uma tecnocracia muitas vezes alinhada aos interesses do sistema financeiro.

Desregular, desobrigar, desvincular: essas são as palavras de ordem de uma economia que se pretende neutra, mas que atua politicamente ao enfraquecer os laços entre Estado e sociedade. A desregulamentação dos mercados, a desobrigação de investimentos sociais e a desvinculação de recursos públicos de áreas essenciais como saúde, educação e seguridade revelam uma economia subordinada a uma lógica de rentismo e austeridade. Nesse contexto, o Banco Central de todos os países que aderiram a essa agenda deixa de ser um instrumento de desenvolvimento e passa a operar como guardião dos interesses do capital, comprometendo a soberania econômica e agravando as desigualdades sociais. Recolocar a economia como uma ciência política e histórica é, portanto, um passo fundamental para restituir ao debate público os rumos do desenvolvimento, recolocando o trabalho, a justiça social e a democracia no centro das decisões econômicas.

A austeridade fiscal, frequentemente apresentada como uma medida técnica e necessária para conter gastos públicos e equilibrar contas nacionais, é, na verdade, um instrumento profundamente político. Ela não surge apenas como resposta a crises econômicas, mas como um mecanismo deliberado de reorganização social em favor das elites. Desde o início do século XX, especialmente após a Primeira Guerra Mundial, elites econômicas e burocracias técnicas passaram a promover políticas de austeridade com o objetivo de restaurar a confiança dos mercados e reestabelecer o controle do capital sobre o trabalho. O discurso da responsabilidade fiscal e da disciplina orçamentária foi usado para justificar cortes em salários, aposentadorias, serviços públicos e direitos trabalhistas, enfraquecendo o poder político das classes populares e a capacidade de intervenção do Estado.

Essas políticas não foram neutras. Elas buscaram sufocar as experiências de organização popular, de expansão dos direitos sociais e de alternativas ao capitalismo que emergiram em períodos de instabilidade, como o pós-guerra. A austeridade, nesse contexto, serviu para restaurar uma "ordem do capital" ameaçada por demandas de justiça social, redistribuição de riqueza e controle democrático da economia. Em vários momentos da história, a imposição dessa ordem foi acompanhada – ou mesmo possibilitada – por regimes autoritários e fascistas, que eliminaram liberdades civis e destruíram a capacidade de resistência da classe trabalhadora. Assim, longe de ser um simples conjunto de medidas econômicas, a austeridade aparece como um projeto de contenção social e política, moldado pela necessidade de preservar as hierarquias de classe.

Outro aspecto central desse projeto é a tecnocracia muito desenvolvida: a ideia de que apenas especialistas – particularmente economistas – são capazes de gerir a economia. A tecnocracia também foi abordada pelo Papa Francisco na encíclica *Laudato si'* mostrando o impasse que ela cria ao desenvolvimento de políticas de transição ecológica. Ao retirar o debate econômico do espaço público e democrático, afastando as pessoas comuns das decisões que afetam diretamente suas vidas. Ao se apresentar como ciência neutra, a economia se torna um campo blindado contra questionamentos populares, mesmo quando suas prescrições aprofundam o sofrimento social. A tecnocracia, portanto, funciona como um complemento da austeridade, impondo uma lógica de obediência aos ditames do capital financeiro, travestidos de imperativos técnicos.

Esse modelo impõe um paradoxo devastador: para salvar o capitalismo de suas próprias contradições, sacrifica-se a democracia. Em nome da "estabilidade", esvaziam-se as instituições representativas, criminalizam-se as alternativas e punem-se os pobres. As experiências históricas mostram que o avanço da austeridade, especialmente em períodos de crise, não apenas intensifica a desigualdade e o desemprego, mas também abre caminho para soluções autoritárias. A despolitização da economia e a violência social gerada por cortes e privatizações criam terreno fértil para discursos de ódio, nacionalismo extremo e repressão estatal.

Portanto, a austeridade deve ser compreendida não como um remédio amargo, mas necessário – como frequentemente é apresentada –, mas sim como uma escolha política a serviço de interesses de classe. Ela não apenas reorganiza a economia, mas também a sociedade, moldando subjetividades, enfraquecendo vínculos coletivos e interditando a imaginação de mundos possíveis fora da lógica do capital. Questioná-la é, portanto, um passo fundamental para recuperar a política como espaço de disputa e reconstruir projetos de futuro baseados na justiça social, na solidariedade e na democracia real.

A financeirização da economia e a nova era do capitalismo: o tecnofeudalismo

A financeirização é um fenômeno central do capitalismo contemporâneo. Ela se refere ao crescente domínio das finanças sobre a economia real, ou seja, à forma como os mercados financeiros, os bancos, os investidores institucionais e os grandes fundos passaram a ocupar uma posição de comando no funcionamento das economias nacionais e globais. Isso significa que, cada vez mais, as decisões sobre investimentos, produção e políticas públicas são guiadas não por necessidades sociais ou produtivas, mas pela lógica da rentabilidade financeira de curto prazo. Em vez de alocar recursos para a produção, a geração de empregos e o bem-estar social, os capitais são direcionados para atividades especulativas, compra e venda de ativos, e rotação rápida de lucros.

Esse processo tem impactos profundos sobre as nações. Em primeiro lugar, a financeirização desloca o centro de gravidade da economia do setor produtivo para o setor financeiro, enfraquecendo o papel da indústria e da agricultura como motores do crescimento. Em segundo, ela pressiona os Estados a adotarem políticas fiscais e monetárias favoráveis ao capital financeiro – como juros altos, metas de inflação rígidas e superávits primários – muitas vezes em detrimento de investimentos sociais e produtivos. Além disso, o poder de barganha das grandes empresas e investidores aumenta significativamente: com sua capacidade de movimentar bilhões instantaneamente, ameaçam retirar capitais caso suas exigências não sejam atendidas. Isso compromete a soberania econômica e política dos países, especialmente das economias periféricas.

Um dos efeitos mais alarmantes da financeirização é a crescente concentração de riqueza e poder em mãos de um número reduzido de atores – corporações transnacionais, fundos de investimento, plataformas digitais e bancos globais. Hoje, alguns desses conglomerados controlam ativos que superam o PIB de muitos países. Por exemplo, fundos como a *BlackRock* e empresas como Apple ou Amazon detêm fortunas que ultrapassam a economia de dezenas de nações. Esse descompasso entre o poder econômico privado e o poder político estatal fragiliza os pactos internacionais e os espaços multilaterais de decisão. Instituições como a ONU, a OMC ou até mesmo blocos regionais como a União Europeia veem sua influência erodida diante da ação de agentes que não respondem à lógica democrática nem à soberania popular.

A financeirização também enfraquece os pactos sociais internos, como os sistemas de seguridade social, os direitos trabalhistas e os investimentos em políticas públicas. Pressionados pela lógica dos mercados, os governos muitas vezes priorizam a atração de investimentos e o pagamento da dívida pública em vez de garantir direitos fundamentais à população. Com isso, há uma transferência contínua de recursos públicos para o setor financeiro, sob a forma de juros da dívida, isenções e garantias, aprofundando as desigualdades sociais e minando a legitimidade das instituições democráticas.

Portanto, compreender a financeirização é fundamental para entender os limites e desafios do desenvolvimento no século XXI. Ela não é apenas uma questão técnica, mas profundamente política: redefine quem toma as decisões, quem se beneficia do crescimento e quem é deixado para trás. Para recuperar a soberania das nações e reequilibrar o sistema internacional, será necessário repensar os mecanismos de regulação global, fortalecer os pactos sociais internos e colocar as finanças a serviço do desenvolvimento humano, e não o contrário.

O desafio está em compreender as amarras da política econômica do tecnofeudalismo. Esse conceito surge como uma tentativa de caracterizar o atual estágio do capitalismo global, especialmente no contexto do domínio das grandes plataformas digitais e da intensificação da financeirização. O conceito propõe que o sistema econômico atual não é mais apenas capitalista em sua forma industrial tradicional, mas sim marcado por elementos que lembram o feudalismo: concentração extrema de poder, controle de recursos e dados por corporações quase soberanas, e uma relação de dependência dos indivíduos em relação a essas estruturas.

No tecnofeudalismo, o valor não é mais gerado apenas pela exploração do trabalho direto nas fábricas, mas também pelo controle de infraestruturas digitais, dados pessoais, atenção dos usuários e rendas extrativas – como assinaturas, comissões e taxas cobradas por intermediação. Plataformas como Amazon, Google, Apple e Meta (Facebook) atuam como "senhores feudais" modernos, que não produzem diretamente, mas controlam os acessos aos mercados e cobram pelo uso de seus "territórios digitais". Os pequenos produtores, comerciantes e consumidores tornam-se dependentes desses intermediários para existir economicamente, numa lógica de servidão digital.

Essa nova ordem está profundamente ligada à financeirização, porque essas mesmas plataformas operam sob a lógica do capital financeiro: não apenas buscam lucros com seus serviços, mas também são ativos altamente valorizados nos mercados de ações e operam com base em estratégias de especulação, fusões e aquisições. O valor dessas empresas não está apenas na receita que geram, mas nas expectativas de lucro futuro, alimentadas por dados e monopólio de mercado. Dessa forma, a financeirização e o tecnofeudalismo se complementam: a primeira fornece os instrumentos para a acumulação e concentração de poder, enquanto a segunda cria os novos modos de dominação econômica e social, cada vez mais imunes à regulação estatal tradicional.

Além disso, há uma ruptura com a ideia de mercado competitivo, central ao capitalismo clássico. O tecnofeudalismo impõe um cenário de monopólios ou oligopólios digitais que, sob a aparência de inovação e liberdade de escolha, reproduzem uma lógica vertical, onde poucos dominam muitos – inclusive os próprios Estados, que se tornam dependentes das tecnologias e dos sistemas dessas corporações.

Assim, compreender o tecnofeudalismo em relação à financeirização nos ajuda a perceber que estamos diante de uma transformação qualitativa do capitalismo, onde o capital não apenas explora o trabalho, mas captura a vida cotidiana, as interações sociais, os comportamentos e até o tempo das pessoas, transformando tudo isso em ativo financeiro e mecanismo de controle.

A tecnologia não surge em um vácuo, mas dentro de estruturas de poder. Assim, as inteligências artificiais – particularmente aquelas usadas em plataformas de trabalho, algoritmos de crédito, sistemas de vigilância e gerenciamento de dados – operam dentro de uma lógica capitalista e financeirizada, que prioriza eficiência, lucro e controle. Isso significa que, longe de automatizar apenas tarefas, a IA redefine o papel do humano na economia: muitas vezes o trabalhador se torna uma extensão da máquina, vigiado por algoritmos e submetido a métricas de produtividade inumanas, como vemos nos casos dos trabalhadores de aplicativos ou centros de distribuição.

O capitalismo contemporâneo, profundamente marcado pela financeirização e pelas tecnologias digitais, busca eliminar as últimas fronteiras da experiência humana que ainda escapam à lógica produtivista. O sono, nesse contexto, torna-se o último bastião de resistência – um tempo de inatividade e inutilidade para o capital. Um mundo sem pausas, sem intervalos, onde a vida inteira deve ser convertida em valor: o capitalismo 24 horas por 7 dias da semana de Jonathan Crary.

A inteligência artificial, nesse cenário, não surge apenas como uma ferramenta de automação, mas como um mecanismo de prolongamento do tempo produtivo e de vigilância contínua. Aplicativos de produtividade, plataformas de vigilância no trabalho, assistentes virtuais, algoritmos de recomendação e análise de dados pessoais operam incessantemente para otimizar o comportamento dos indivíduos segundo critérios de eficiência e consumo. O tempo que antes era reservado ao descanso, à subjetividade ou ao lazer agora é ocupado por notificações, atualizações, algoritmos e estímulos contínuos, nos tornando economicamente ativos mesmo durante o sono ou a insônia.

A atenção à economia dos dados deve denunciar a dominação algorítmica e o empobrecimento ético do mundo digital, o capitalismo 24/7 ataca os ritmos biológicos, a interioridade psíquica e a experiência coletiva do tempo. A economia da atenção, alimentada por sistemas de IA e plataformas digitais, transforma a mente humana em campo de extração de valor, sujeita à exploração infinita – como se o ser humano pudesse funcionar como uma máquina permanente, sem falhas, sem limites, sem descanso. O problema da IA e da tecnologia não é tecnológico, mas político e social: é a quem elas servem – e com que propósito. Para resistir à lógica do 24/7 e do tecnocapitalismo, é preciso recuperar o valor do tempo não produtivo, do descanso, da reflexão e da autonomia – valores fundamentais para qualquer sociedade verdadeiramente democrática e justa.

A premência de um novo pacto econômico: superar a economia sem povo

O capitalismo global, em sua forma atual, fragmenta as bases da solidariedade e da justiça social, enquanto agrava desigualdades estruturais. A necessidade urgente de um novo pacto econômico passa, portanto, por superar uma economia centrada no lucro à custa da vida humana e do meio ambiente.

Um dos principais desafios é romper com a dependência global das *commodities* e a lógica de um crescimento baseado na exploração exacerbada dos recursos naturais. Há avanços em busca de um consenso de descarbonização, no qual as economias não se sustentem mais na extração e no consumo insustentável, mas sim na promoção de modelos ecológicos que respeitem os limites do planeta. Contudo, esta transição já aponta profundas mazelas e a economia verde tem gerados impactos em povos e territórios, que hoje se denominam territórios atingidos pelas renováveis como as eólicas e as solares, porque um princípio não está sendo respeitado: o povo e a governança sobre seus territórios. A transição energética tem sido um novo processo de exploração das riquezas territoriais pelas corporações.

Os projetos de desenvolvimento econômico não podem ser tratados como uma esfera autônoma e separada da sociedade. Quando a economia se desvincula das necessidades sociais, torna-se um instrumento de dominação e exploração, algo que se manifesta de maneira aguda na economia globalizada e financeirizada de hoje. O grande problema que enfrentamos é a criação de uma economia sem povo, onde as estruturas econômicas e políticas não estão mais a serviço da população, mas da concentração de poder e riqueza. Essa desconexão entre economia e sociedade impede que a economia sirva ao bem comum, alimentando um ciclo de desigualdade e exclusão social.

A missão da economia, proposta pela economista Mariana Mazzucato, é uma das alternativas para orientar o novo pacto econômico.

O Estado deve assumir um papel central na orientação de missões econômicas, como a descarbonização, a redução das desigualdades e a participação democrática dos territórios nas decisões econômicas, com foco em objetivos públicos que mobilizem investimentos e inovações tecnológicas a serviço do bem comum. Essa abordagem propõe uma parceria entre o setor público e privado, com o Estado atuando como orientador e catalisador de mudanças estruturais que promovam o desenvolvimento sustentável e a inclusão social.

Ao se orientar políticas econômicas estruturais que enfrentem as desigualdades profundamente enraizadas, temos exemplos como as políticas de alimentação locais e de proximidade, que promovem a agricultura sustentável, a produção local e a distribuição justa de alimentos, e são essenciais para garantir a segurança alimentar e a autonomia de cidades diante da financeirização deste setor. Além disso, a busca por cidades permeáveis, que criam resiliência às mudanças climáticas e garantem espaços públicos acessíveis e inclusivos, são vitais para transformar os centros urbanos em lugares mais justos e sustentáveis.

As desigualdades globais estão profundamente enraizadas na estrutura produtiva dos países. A diferença entre nações ricas e pobres pode ser explicada pela complexidade dos bens que produzem e exportam: países desenvolvidos concentram-se em manufaturas sofisticadas, enquanto países em desenvolvimento permanecem dependentes de *commodities* e produtos de baixa complexidade. Essa especialização limita o crescimento da produtividade e perpetua a desigualdade.

Por exemplo, em 2010, a Dinamarca, com 414 mil trabalhadores nos setores de manufatura, mineração e agricultura, exportava US$ 88,4 bilhões, o que equivale a aproximadamente US$ 213 mil por trabalhador. Em contraste, o Senegal, com 2,67 milhões de trabalhadores nos mesmos setores, exportava apenas US$ 2,5 bilhões, cerca de

US$ 939 por trabalhador. Essa disparidade de produtividade reflete a diferença na complexidade dos produtos exportados por cada país.

O chamado desenvolvimento econômico sustentável requer uma transformação estrutural que aumente a complexidade produtiva. Isso envolve investimentos em setores de alta tecnologia e políticas industriais que promovam a diversificação econômica. Sem essa mudança, países em desenvolvimento continuarão presos a ciclos de baixa produtividade e desigualdade persistente. O desenvolvimento sustentável exige uma articulação entre política industrial, inovação tecnológica e justiça socioambiental. Esta última exigirá atenção às demandas territoriais trazidas pela sociedade. Isso inclui repensar o papel do Estado como indutor da transformação produtiva onde o agente territorial também é parte central – nos moldes de uma economia orientada por missões, como propõe Mariana Mazzucato – e a construção de cadeias produtivas nacionais que incorporem critérios socioambientais. Em vez de serem apenas "fornecedores de natureza", os países do Sul precisam ser capacitados para produzir ciência, tecnologia e bens complexos que garantam autonomia e sustentabilidade de longo prazo.

Diante da grave crise climática, não há como falar em justiça climática sem enfrentar as assimetrias econômicas globais. O debate sobre economia mundial e sustentabilidade deve partir do princípio de que nenhum modelo será sustentável se continuar a reproduzir padrões de concentração tecnológica e desigualdade estrutural. O futuro verde, para ser justo, precisa ser também produtivamente inclusivo. A desigualdade não é apenas uma questão de distribuição de renda, mas também de acesso a oportunidades produtivas. Países com estruturas produtivas mais complexas tendem a oferecer melhores empregos e salários, contribuindo para a redução da desigualdade interna. Em suma, para enfrentar as desigualdades globais, é essencial que os países em desenvolvimento adotem estratégias que aumentem a complexidade de suas economias, promovendo a industrialização e a inovação tecnológica.

Horizontes para outra economia possível

Diante dos impasses históricos, estruturais e contemporâneos que atravessam a economia – da concentração fundiária e colonialismo aos impactos da financeirização, da inteligência artificial e da desumanização tecnológica –, torna-se urgente repensar os caminhos possíveis para uma economia que esteja a serviço da vida e não da lógica implacável do capital. Estamos diante de catástrofes múltiplas – ambientais, sociais, políticas – que não devem ser tratadas como fatalidades, mas como chamados à ação coletiva e à criação de outros modos de vida. Sua proposta de "resistência lenta" e de construção de *aliados* em vez de soluções técnicas impõe uma ética do cuidado e da responsabilidade radical, que recoloca a economia em seu devido lugar: como um instrumento ao serviço da vida comum.

Diante de uma "ruptura metabólica", conceito que descreve a desconexão entre os sistemas sociais humanos e os processos naturais, causada pela lógica de acumulação incessante do capitalismo, esta resulta da separação entre cidade e campo, onde os nutrientes extraídos do solo agrícola não retornam a ele, comprometendo a sustentabilidade ecológica. Essa perspectiva destaca como a exploração intensiva dos recursos naturais leva à degradação ambiental e à crise ecológica global.

A globalização da produção se baseia em disparidades significativas nos custos laborais entre o Norte e o Sul global, refletindo taxas de exploração mais altas nas economias periféricas. Essa dinâmica resulta na captura de valor pelos países centrais, enquanto os países periféricos enfrentam desafios estruturais para alcançar o desenvolvimento sustentável.

É necessária uma economia orientada para as necessidades humanas e ecológicas, em contraste com a lógica dominante de maximização do lucro. A transformação necessária não será tecnocrática, mas enraizada na reconstrução de vínculos, de territórios e de um comum insurgente frente ao cinismo das elites globais. É preciso recuperar a centralidade da vida, da justiça social e da soberania dos povos como princípios orientadores de um novo horizonte econômico. Isso envolve o fortalecimento de políticas públicas redistributivas, o controle democrático sobre os fluxos financeiros e tecnológicos, a revalorização do trabalho humano e a defesa dos bens comuns. Envolve, ainda, a construção de um novo multilateralismo que rompa com a lógica bélica e predatória das grandes potências e fortaleça alianças entre os países do Sul Global, com base na cooperação, na complementaridade e no respeito mútuo.

Mais do que superar uma crise conjuntural do capitalismo, trata-se de superar uma lógica histórica de exploração e dominação. As experiências de economia solidária, agroecologia, cooperativismo, tecnologias livres e finanças comunitárias indicam que outras formas de organização econômica são não apenas possíveis, mas já existentes – e precisam ser visibilizadas, fortalecidas e ampliadas. Portanto, pensar saídas diante dos impasses da economia exige, acima de tudo, imaginar novos futuros possíveis: mais justos, sustentáveis, plurais e centrados na dignidade humana. Uma economia a serviço da vida.

12
O PLURALISMO SOCIOCULTURAL E O DIÁLOGO INTER-RELIGIOSO

Claudio de Oliveira Ribeiro

Introdução

Todos os setores religiosos, incluindo as igrejas cristãs, no Brasil e no mundo, se defrontam, de variadas maneiras e percepções, com diferentes clamores da realidade atual. As formas como cada grupo, liderança ou instituição lida com tais aspectos conjunturais ou estruturais da sociedade são muito distintas e variam enormemente, até mesmo com visões antagônicas, o que dificulta sínteses seguras. Nesse quadro, há processos, em geral intensamente complexos, tanto de aceitação ou de assimilação acrítica ou inconsciente quanto de rejeição total ou parcial de elementos que marcam a conjuntura sociocultural, política e econômica. Além disso, eles se alteram com uma velocidade surpreendente.

Nesse sentido, não vamos adentrar nesse campo de análise – o da compreensão sobre como cada grupo reage aos aspectos da conjuntura social –, mas, sim, apenas indicar um dos grandes desafios para as igrejas cristãs e suas lideranças, que é se colocar diante dos pluralismos socioculturais e das possibilidades de diálogos inter-religiosos que estão presentes em nossa sociedade na atualidade, nos diferentes continentes.

Esse desafio está ao lado de outros, todos de enorme importância, quase sempre formando um amálgama forjado nas estruturas excludentes do sistema econômico capitalista. Alguns desses pontos são novos, evidenciados com maior ênfase nas últimas décadas, e outros, mais antigos e estruturais, que remontam ao início da era moderna, com todas as dimensões devastadoras e violentas que ela produziu. Ou seja, a valorização do pluralismo e do diálogo, embora seja um fruto destacado do pensamento moderno, tem sempre a companhia das formas absolutistas, excludentes e violentas que também foram geradas por ele.

Não vamos enumerar todos os fatores que desafiam a prática e a organização interna das igrejas, já intensamente pluralizadas, como suas teologias, hierarquias, liturgias e catequeses, mas não podemos nos esquecer de alguns aspectos. Entre eles estão: (i) as consequências econômicas e políticas da crise do mundo globalizado, como a manutenção da fome e da pobreza, a concentração cada vez maior dos recursos financeiros nas mãos de pequenos grupos e as variadas formas de migrações acompanhadas de xenofobias e exclusões sociais; (ii) a crise climática que coloca em risco a manutenção da vida; (iii) a desvalorização de governanças globais e de enfrentamentos de questões que afligem a humanidade e a sustentabilidade e integridade da Criação; (iv) a era digital, com novas formas de sociabilidade humana, de conhecimento, educação e informação, e mudanças bruscas no mundo do trabalho com a eliminação de postos e funções; e (v) o avanço dos conservadorismos, tanto em nível político, com ataques aos processos democráticos, quanto ético, com o recrudescimento das culturas de ódio, discriminações e preconceitos, boa parte das vezes associado às visões religiosas, estimuladas pelas mídias e magistérios paralelos às igrejas.

O desafio para as igrejas e seus líderes no tocante aos pluralismos socioculturais e às possibilidades de diálogo deve ser enfrentado tendo em vista esses elementos acima listados. De outra forma, será um tipo de "verniz" modernizador ou modismo, sem, efetivamente, dar conta das principais possibilidades de abertura, cooperação e diálogo inter-religioso e intercultural.

Nesse contexto de valorização do pluralismo, é crucial ressaltar que a conquista e a defesa da laicidade são de fundamental importância para os avanços sociais do ponto de vista jurídico e civil. O mesmo se dá na perspectiva teológica, uma vez que a laicidade do mundo e a pluralidade das culturas e das religiões de certo modo obrigam os grupos religiosos a renunciarem as suas autossuficiências. No caso no cristianismo, em nossas e em diversas outras terras, seria o movimento que sai da hegemonia cultural e religiosa para uma teologia aberta ao pluralismo como caminho de renovação da própria experiência religiosa.

Para orientar nossas considerações, indicaremos a seguir três passos que podem contribuir no enfrentamento dos desafios que se apresentam às igrejas cristãs ao se colocarem diante dos pluralismos socioculturais e das possibilidades de cooperação e diálogo inter-religioso na atualidade. Trata-se dos esforços em compreender e valorizar a diversidade religiosa, cultivar formas novas, críticas e plurais de conhecimento e estabelecer posturas justas e de efetivo diálogo.

Conhecer e valorizar a diversidade religiosa

Para que as igrejas cristãs e suas lideranças possam criar condições no sentido de responder devidamente a um dos grandes desafios da realidade atual, que é o diálogo entre elas e com as expressões religiosas não cristãs, é fundamental que tenham uma boa compreensão da diversidade religiosa que as cerca. Consideramos que o pluralismo religioso, em função das novas configurações socioculturais, está realçado em pelo menos duas direções. A primeira se situa dentro do campo especificamente religioso, tanto nas fronteiras das diversificações internas de cada grupo – o que nos leva a nos referir sempre no plural: espiritismos, cristianismos, catolicismos, pentecostalismos, candomblés, umbandas, encantarias, islamismos – quanto nos contatos conflitivos ou harmoniosos dos grupos religiosos na sociedade. A segunda direção se refere às interações das vivências religiosas com dimensões públicas e seculares da cultura, expressas na vida cotidiana, tais como práticas econômicas, formas de entretenimento e de lazer, exercícios terapêuticos e de valorização da saúde, espiritualidades não explicitamente religiosas e outras. Tais zonas fronteiriças, somadas à esfera especificamente religiosa, tornam o campo religioso cada vez mais complexo e plural.

A diversidade religiosa no Brasil e no mundo tem variadas marcas. Chama-nos a atenção o fato de que, não obstante o fortalecimento institucional e popular de propostas religiosas de caráter mais verticalista – em geral conflitivas, fechadas ao diálogo, marcadas por violência, não somente simbólica, e por posturas fundamentalistas –, o campo religioso tem simultaneamente experimentado formas ecumênicas de diálogo entre grupos distintos. O encontro deles, seja nos confrontos ideológicos ou identitários, seja nas aproximações e valoração da diversidade, contribuem para uma crescente reconfiguração do quadro religioso, que intensifica o pluralismo. As análises precisam ressaltar as diferenças dentro da dinâmica social que leva em conta os efeitos dos processos de globalização que, como se sabe, são amplos e se revelam especialmente na velocidade das alterações socioculturais, no ineditismo de certas reconfigurações religiosas e nas formas híbridas cada vez mais crescentes no campo religioso.

Outro aspecto é que estamos conscientes das tensões existentes na relação ambígua e conflitiva entre as expressões de fundamentalismo/intolerância, de um lado, e as de pluralismo/diálogo, de outro. Ambas, não obstante seus antagonismos e disputas de espaço social, crescem e se fortalecem simultaneamente no Brasil e em outras partes do globo. Tem sido comum, em diferentes confissões e religiões, uma concepção unilateral e absoluta da verdade que tende a formas dogmáticas, o que inibe, entre outras coisas, o diálogo entre a fé e as ciências e entre grupos religiosos distintos. Há certa refutação religiosa das perspectivas antropológicas que levam em conta os modos de evolução do universo e da vida humana, as explicações mais racionais da vida e a possibilidade de visões plurais. Tais concepções são recompostas com novas ênfases, mas mantêm resguardada certa oposição às maneiras de autonomia humana. No campo cristão, tanto católico-romano como evangélico, por exemplo, são visíveis as reações contra posturas mais abertas no campo da sexualidade, especialmente no que se refere ao direito das mulheres e à homoafetividade, e contra o pluralismo em geral.

É sabido que os fundamentalismos, como um fenômeno moderno, surgem como reação à secularização, à laicização e à consequente fragmentação identitária imposta pela globalização em curso, que tende a aproximar as fronteiras até então distantes umas das outras. Portanto, diante da pluralidade cultural contemporânea, as pessoas ficam divididas entre o diálogo de caráter mais cosmopolita e democrático e as reduções fundamentalistas. Análises sociorreligiosas mais consistentes precisam ocorrer para melhor elucidação desse complexo quadro.

Diante de tal situação, os grupos mais sensíveis ao sofrimento humano e os setores democráticos da sociedade perguntam pelo papel das igrejas e das religiões e espiritualidades em geral nos esforços de estabelecimento da paz, da justiça e da sustentabilidade da vida. Mais do que respostas prontas, importa considerar, por suposto, que as grandes questões que afetam a humanidade e toda a Criação requerem indicações teológicas e posturas pastorais consistentes e que há processos de abertura e de diálogo entre distintas religiões em diversas frentes de ação, assim como há aqueles caracterizados por enrijecimento das perspectivas religiosas, fortalecimento de práticas e valores fundamentalistas, acirramento de conflitos e reforço de culturas de violência. O quadro religioso vive intensamente essa ambiguidade, e as reflexões teológicas e ações prático-pastorais devem considerá-la atentamente.

Vale considerar ainda que a religião não está mais apenas contida nos espaços tradicionalmente conhecidos como sagrados, mas vem transbordando para fora deles, atingindo outras esferas sociais. Um dos elementos da atualidade se caracteriza por espaços interstícios, vazios, que as religiões estabelecidas abandonaram ou não estiveram aptas a responder e dos quais as ciências não se ocuparam. Tais fronteiras ou cruzamentos são os lugares das incertezas, dos imponderáveis da vida, dos mistérios e do acaso, dos fracassos e da morte.

É fato que existe a tendência ambígua da perda de força das chamadas "grandes instituições religiosas", vivida simultaneamente em meio ao fortalecimento dos movimentos de espiritualidade. Para isso, há de se compreender o sentido da antiga e conhecida tensão entre instituição e movimento. A instituição religiosa é uma forma de organização em que há um conjunto de regras e regulamentos que levam determinado grupo a construir uma identidade por meio de segmento hierárquico e de um corpo doutrinal que o caracteriza perante outros. Já o movimento religioso tem como marca a presença carismática de líderes, com estruturas dinâmicas e flexíveis diante dos regulamentos estabelecidos. A diversidade religiosa encontrada hoje na sociedade deve-se, em parte, a esses fatores.

Na atualidade, as instituições religiosas tradicionais perdem espaço. Isso acontece em razão da não mobilidade delas ante a dinâmica da busca intensa de respostas imediatas para as pessoas, da excessiva preocupação com a manutenção de sua pretensa identidade ou, ainda, de um rigor moral apregoado como mantenedor da ordem social. Por conseguinte, a sociedade se torna cada vez mais heterogênea e já não comporta mais uma via única de regras baseada em argumentos muitas vezes considerados obsoletos. Muitos e variados esforços precisam ser feitos para se compreender adequadamente a realidade hoje.

Cultivar formas novas, críticas e plurais de conhecimento

Como temos visto, para que igrejas e suas lideranças possam se posicionar aberta e positivamente perante os pluralismos socioculturais e os diálogos inter-religiosos – este é um dos grandes desafios da realidade hoje –, são necessários muitos passos. Um deles está relacionado à compreensão da realidade. Outro, associado ao primeiro, é sobre o tipo de conhecimento que possa ser útil e eficaz nessa direção. Neste caso, é necessário desenvolver o pensamento teológico e doutrinal, mas também visões educativas e sociais, distanciando-se do peso dos esquemas reducionistas e dicotômicos que utilizam em demasia a bipolaridade "dominantes x dominados", embora saibamos que os efeitos nefastos de ações dominadoras estão presentes no cotidiano das pessoas, especialmente as mais pobres. No entanto, em termos de análises, é preciso fugir de simplificações. Como sabemos, isso se deu, especialmente, devido à influência de certas formas mais dogmáticas e mecânicas nas análises sociais, ocultando por vezes a complexidade social e as vivências cotidianas nos entrelugares das culturas e nas diferentes fronteiras das dimensões da vida. Assim, é de fundamental importância recorrer a uma lógica plural para o conhecimento das situações em que vivemos.

E os desafios são enormes! As leituras da realidade socioeconômica e cultural atual, somadas à releitura em chave libertadora dos princípios bíblicos e teológicos, requerem, por exemplo, uma profunda revisão das imagens de Deus, que historicamente estiveram ligadas a práticas de dominação, como as imperiais, racistas, androcêntricas e heteronormatizadas, por exemplo. Essa tarefa ocorre em muitos e variados sentidos. Primeiro: para se opor ao desprezo da cosmologia em seu sentido amplo e da visão holística que dava ao ser humano uma compreensão mais apropriada de si mesmo, urge uma ecoespiritualidade que reforce relações de interdependência e de cooperação vital. Segundo: para se contrapor ao esvaziamento espiritual e de sentido das questões que envolvem a vida e as formas de conhecimento técnico e científico, são necessárias propostas de respeito à integridade humana, à formação pessoal e à totalidade dos processos vitais. Terceiro: em contraposição aos elementos ideológicos, sociais e religiosos que demarcam o controle dos corpos, especialmente os das mulheres – tanto nas estruturas eclesiásticas e religiosas quanto na cultura econômica –, é fundamental a valorização da corporeidade e da sexualidade como fonte de prazer e de autonomia. Quarto: em contraposição ao individualismo predominante no campo religioso e na sociedade como um todo, vislumbramos o compromisso com a felicidade pessoal articulada com a felicidade coletiva.

Outro aspecto desafiador é a tensão entre libertação e gratuidade. Entre várias perspectivas, destacamos que as teologias, para serem efetivamente plurais e sensíveis ao diálogo, necessitam: (i) integrar e articular as linguagens de natureza "sapiencial-integrativa" e as de caráter "crítico-dialético-profético"; (ii) superar os reducionismos antropológicos, que valorizam somente os aspectos mais racionais do ser humano, que podem também gerar formas de autoritarismos, idealismos, machismos e heteronormatividade, e não percebem o valor da afetividade, das dimensões lúdicas e da festividade; (iii) articular os temas especificamente existenciais com os políticos e sociais e destacar o horizonte ecumênico e plural necessário à relevância teológica de toda e qualquer iniciativa nos campos prático e teológico; e (iv) estar atenta à crescente valorização do pluralismo cultural e religioso.

Diante dessas demandas, é importante ter em mente nas análises as dimensões concretas da fé e da vida. Trata-se da compreensão da salvação e a dos demais aspectos teológicos não de modo etéreo e especulativo, mas, sim, como o resgate da vida em sua concretude, resultante de uma espiritualidade que se fundamenta no profundo respeito por todos os seres criados e na preservação da vida e da justiça. Tal perspectiva altera as formas pelas quais o conhecimento é produzido. Ao trabalhar com as dimensões concretas e cotidianas da vida, considerando toda a sua complexidade, passamos a questionar os discursos científicos reducionistas, que arvoram uma falsa universalidade, uma vez que dissimulam a particularidade que possuem.

O conhecimento humano em geral, assim como o teológico em particular – e aí estão envolvidas as igrejas cristãs e suas lideranças –, precisaria, então, assumir variadas e permanentes demandas: (i) questionar o universalismo das ciências, para superar o idealismo branco, masculino e racionalista presente nas elaborações teóricas que relegam, por exemplo, a mulher à dimensão da natureza, o homem à dimensão da cultura e os pobres ao lugar de subalternalidade; (ii) valorizar a relatividade cultural com suas diferentes formas de interpretar o mundo, tendo em vista conhecimentos mais integrativos; (iii) valorizar a diversidade, a diferença, a interdependência de todos os seres, as expressões de subjetividade e o cotidiano tanto na esfera científica como na dimensão prática e política; (iv) ser propositivo no tocante a uma ética plural em que as próprias pessoas e grupos possam refletir sobre suas realidades, identificar os diferenciais de poder que enfrentam e encontrar novos caminhos de empoderamento que levem à justiça, à paz e à integridade da Criação; (v) dar atenção às narrativas que apresentam não de forma linear e sistematizada diferentes aspectos da realidade; e (vi) pressupor, dentro de uma interculturalidade crítica, a interdependência entre todos os seres, a transdisciplinaridade e a complexidade das ciências. Vive-se, portanto, um novo tempo.

As identidades, outrora vistas como construídas apenas nas singularidades – como as de classe, gênero etc. –, passam a ser mais efetivamente forjadas nas fronteiras das diferentes situações da vida. E viver na fronteira dos distintos enquadramentos socioeconômicos e culturais em geral produz um novo e criativo sentido para a realidade. Tal perspectiva pode ser representada em novas formas jurídicas, como as que propõem direitos de minorias sociais, direitos ambientais, liberdade religiosa, ou econômicas, como moedas únicas, compras e vendas ilimitadas por intermédio de canais eletrônicos, diversificação das modalidades de trabalho, ou ainda em avanços tecnológicos e na área da saúde como monitoramento eletrônico da vida social, clonagem e manipulação genética e aspectos semelhantes do avanço da bioética e da inteligência artificial. Como lidar com esses e tantos outros aspectos da nova realidade em que vivemos? As ambivalências e ambiguidades dessas possibilidades não requerem de nós uma negação *a priori*, como é comum em determinadas visões políticas e/ou religiosas. É preciso haver discernimento e novas posições políticas e pastorais.

Há que se mergulhar nos conflitos e nas aproximações surgidas em função das diferenças culturais, com todas as subjetividades e particularidades inerentes a eles. A posição de fronteira permite maior visibilidade das estruturas de poder, de saber e de ser, o que pode ajudar na apreensão da subjetividade de grupos, comunidades e povos subalternos. De lá nem sempre surgem discursos e práticas unívocas, retilíneas e de racionalidade interna coerente. No entanto, as fronteiras revelam compreensões sobre a humanidade e a vida mais próximas do que elas realmente são. O poder e o saber permanecerão intocáveis como universais e globais se não forem consideradas as fronteiras. Elas é que permitem um reordenamento de sentidos, uma vez que reúnem as diferenças que se cruzam e se articulam nas relações humanas e sociais.

No interior das culturas reside uma infinidade de experiências e formas de conhecimento que depõem contra os poderes e os saberes coloniais. Outra premissa é que tais poderes e saberes, de corte imperial, minaram, ou mesmo sabotaram, os modos de organização social e cultural oponentes. Talvez estejamos vivendo, de fato, de maneira ambígua e simultânea, a "fraqueza" e a "força histórica dos pobres". Pensar a vida e a fé nas fronteiras é sempre algo de intenso potencial revelador. Assim, corrobora-se, por exemplo, a ideia de que os pobres e as culturas subalternas são sujeitos que possuem falas interpretativas a respeito de sua própria história e que podem com elas fazer emergir as subjetividades, as estratégias de resistência possíveis e novos caminhos propositivos, não necessariamente lineares. As possibilidades de diálogo, em certo sentido, dependem desses novos tipos de conhecimento e de ação.

Estabelecer posturas plurais, justas e de diálogo

O caminho pluralista que se coloca como desafio às igrejas cristãs e seus líderes tem como característica básica a noção de que cada religião tem sua proposta salvífica e de fé, que deve ser aceita, respeitada e aprimorada com base em um diálogo justo e uma aproximação mútua. Assim, a fé cristã, por exemplo, necessita ser reinterpretada a partir do confronto dialógico e criativo com as demais fés. O mesmo deve se dar com toda e qualquer tradição religiosa. Aqui há um ponto de novidade que coloca todos em constante desafio. Tal perspectiva não anula nem diminui o valor das identidades religiosas – no caso da fé cristã, a importância de Cristo –, mas as leva a um aprofundamento e amadurecimento movido pelo diálogo e pela confrontação justa, amável e corresponsável. A aproximação e o diálogo entre grupos de distintas expressões religiosas cooperam para que eles possam construir ou reconstruir suas identidades e princípios fundantes.

As lógicas ecumênicas, tanto em nível intracristão quanto inter-religioso, e as visões e práticas de alteridade possibilitam melhor compreensão da diversidade do quadro religioso e maior elucidação de ações sociais, políticas e pastorais. Não se trata de mera indicação ética ou "catequética". Trata-se de estabelecer uma postura teórica que possa tornar as análises mais consistentes, à medida que possibilitam melhor identificação do "outro", especialmente as pessoas e os grupos invisibilizados na sociedade, e que favoreça os caminhos de cooperação e diálogo. A sensibilidade com as distintas expressões culturais ou religiosas, minoritárias ou não, contribui para a emergência e a visibilidade social de novos e variados perfis religiosos, multiplicidades de olhares, perspectivas e formas de atuação conjunta.

A perspectiva pluralista, fundamental para as igrejas enfrentarem os desafios gerados pelos pluralismos socioculturais e pelas possibilidades de diálogo inter-religioso, nem anula as identidades religiosas, por um lado, nem as absolutiza, por outro. Ao contrário, olha as religiões em plano dialógico e diatópico, considerando cada contexto, especialmente os diferenciais de poder presentes neles. Não se trata de igualdade de religiões, mas de relações justas, dialógicas e propositivas entre elas. Tal visão potencializa o plano utópico das experiências de diálogo e de cooperação inter-religiosas.

Esses movimentos giram em torno de esforços contracoloniais, o que tem sido uma tarefa de difícil realização para as igrejas cristãs. No entanto, não podem ficar fora do horizonte delas caso a intenção seja ouvir e atender aos clamores da realidade atual. São muitos os esforços nessa direção. Eles estão associados ao propósito de visualização de novas práticas dialogais e de compromisso social, político e religioso em favor da pluralidade e do diálogo. Realçaremos apenas alguns: (i) a crítica à visão de um pensamento único, seja no campo global das relações políticas, econômicas, socioculturais e religiosas que marcam a dominação Norte-Sul, seja no campo das relações institucionais, coletivas, de governo, entre outras, que regem a vida social; (ii) a revisão da perspectiva de um "centrocentrismo" presente nas concepções científicas (e também teológicas) nas variadas esferas da cultura – ele está associado às formas de racismos, machismos, xenofobia e homofobia que inibem processos de contextualização e de recontextualização de identidades culturais e se coloca como monopólio regulador das consciências e das práticas sociais, em geral patriarcais e heteronormativas; (iii) o questionamento da visão de universalismo das ciências e da ética. Isso porque tal visão dissimula a particularidade que a produção de conhecimento e a normatização de valores possuem. Em geral, os conhecimentos produzidos nas esferas acadêmicas e eclesiásticas são marcadamente masculinos, brancos e das elites econômicas, além de encobrirem saberes locais e particulares, em especial os ameríndios e os agrupamentos pobres e subalternos na sociedade; (iv) o exame da ideologia das identidades fixas, haja vista que as análises antropológicas mais apuradas mostram que as identidades são, em geral, fluidas, híbridas e permanentemente criadas e recriadas nos mais diferentes processos de fronteirização das experiências da vida. As igrejas e seus líderes estão permanentemente instadas a lidar com tais tarefas.

Considerações finais: por uma espiritualidade do diálogo

O desafio que se coloca às igrejas cristãs e suas lideranças diante do quadro de pluralismos socioculturais e das possibilidades de cooperação e de diálogo inter-religioso requer novas visões de espiritualidade. Estas, além das dimensões próprias da devocionalidade, se expressam em aspectos práticos e concretos da vida social e política, como os processos de defesa da justiça social e econômica, dos direitos humanos e da terra, da cidadania e da dignidade dos pobres. Também reforçam, não obstante suas limitações e ambiguidades, espaços de consciência social, coexistencialidade, alteridade, humanização, multiplicidade, cordialidade e integração cósmica.

Nessa mesma direção, especificamente na esfera religiosa, há uma série de desafios práticos. Entre eles está o cultivo e devido destaque: a espiritualidades ecumênicas em função da valorização do pluralismo religioso crescente hoje na sociedade; a espiritualidades inclusivas e afirmativas, em especial movidas pelo lugar e pelo valor da sexualidade humana no processo político e teológico, uma vez que ela é elemento estrutural da vida; a espiritualidades ecológicas devido à crise de sustentabilidade da vida; e a espiritualidades comunitárias nas quais a vivência em comunidade valorize o pensamento afro-ameríndio e visões de culturas originárias nos diferentes cantos do globo e realce a gratuidade, a liberdade e autenticidade humana como contraponto às formas de violência, de individualismo, de consumismo, de insensibilidade humana e de segregação.

Nas próximas décadas, a não ser que haja processos repressivos que comprometam o livre exercício democrático, será bem provável que essas visões religiosas tendam a se fortalecer, mesmo em convivência simultânea e tensa com formas religiosas de caráter mais sectário e fundamentalista. Os caminhos do pluralismo e do diálogo estão traçados e, além do mapa preparado em casa, a própria realidade social os indica. É importante nos prepararmos para a viagem!

EPÍLOGO
O PAPA LEÃO XIV

Sinodalidade e ecumenismo estão intimamente
ligados, desejo assegurar-vos a minha intenção
de continuar o compromisso do Papa Francisco
de promover o caráter sinodal da Igreja Católica
e de desenvolver novas e concretas formas para
uma sinodalidade cada vez mais intensa no
campo ecumênico.

(Leão XIV)

13
DE FRANCISCO A LEÃO XIV

Francisco de Aquino Júnior

Francisco inaugurou uma nova era eclesial, marcada pela retomada do processo de renovação ou reforma conciliar da Igreja. Vários teólogos falaram de uma nova fase no processo de recepção do Concílio Vaticano II. Mas as tensões e oposições dentro e fora da Igreja levantavam muitas dúvidas e incertezas acerca da continuidade ou não dos processos iniciados com ele. Isso se intensificou com o agravamento de seu estado de saúde e sobretudo com sua morte. Entretanto, o reconhecimento da importância das reformas eclesiais e da liderança ético-espiritual de Francisco por amplos setores da Igreja e da sociedade, os debates em torno dos desafios eclesiais e sociais e do perfil do novo Papa nas Congregações Gerais que antecederam o Conclave e, sobretudo, a eleição do Cardeal Robert Francis Prevost apontam para a continuidade dos processos inaugurados por Francisco. Certamente, com estilo, ritmo, expressões e acentos distintos, como não poderia ser diferente, mas na direção e nos caminhos abertos por Francisco. Há, inclusive, quem faça um paralelo entre João XXIII e Paulo VI, por um lado, Francisco e Leão XIV, por outro; uma postura mais profética/ousada e uma postura mais comedida/conciliadora. Ainda é cedo para fazer diagnósticos mais precisos, mas tudo indica que seguiremos nos processos de reforma eclesial em curso. Nesse sentido, queremos insistir que Francisco marca uma nova era na vida da Igreja e destacar as primeiras impressões de indícios, sinais e perspectivas de continuidade com o novo Papa.

A "era Francisco"

Na história da Igreja há acontecimentos e pessoas que marcam época, no sentido de impactar, desencadear processos, alterar o dinamismo e o curso eclesiais. E isso pode se dar com tal intensidade que obriga a falar de "um antes e um depois". Não se pode negar que o *Concílio de Trento* (1545-1563) marcou época na vida da Igreja, centrada na afirmação da identidade católica em oposição à reforma protestante (contrarreforma) e ao mundo moderno (antimodernismo). Tampouco se pode negar que o *Concílio Vaticano II* (1962-1965) marcou época na vida da Igreja, centrada no diálogo e na cooperação com o mundo moderno, as igrejas cristãs e as religiões (Igreja-mundo), na superação do clericalismo e afirmação da dignidade batismal de todos os cristãos (Igreja povo de Deus). Assim como não se pode negar que a Conferência do Episcopado Latino-americano em *Medellín* (1968), como recepção criativa do Concílio, marcou época na Igreja da América Latina, centrada na opção preferencial pelos pobres, no compromisso com a justiça social e num dinamismo eclesial a partir de comunidades eclesiais de base.

Mas há também pessoas que, por seu carisma e por sua liderança, pela função que exerce e pelo poder que detém, pela conjuntura e pelas circunstâncias, pelos processos e pelas reformas realizadas ou desencadeadas, acabam marcando época. Poderíamos tomar vários exemplos na história da Igreja, mas vamos nos restringir a alguns Papas que marcaram época no século XX. Fala-se muitas vezes da "era dos pios": Pio X (1903-1914), Pio XI (1922-1939) e Pio XII (1939-1958). Não obstante as peculiaridades de cada um e as diferenças entre eles, podem ser caracterizados por uma postura antimodernista, pelo clericalismo e centralização da autoridade papal e pela busca de restauração do poder político da Igreja. *João XXIII* (1958-1963) também marcou época na vida da Igreja. Foi escolhido como um "Papa de transição" e acabou promovendo, com o Concílio Vaticano

II, uma verdadeira "transição na Igreja": de uma Igreja de condenação (antimodernista) para uma Igreja de diálogo e cooperação (serviço ao mundo); de uma Igreja-hierarquia para uma Igreja povo de Deus na diversidade de seus carismas e ministérios. Depois da "era dos pios", fala-se de uma verdadeira "primavera eclesial" com João XXIII.

Também *Francisco* (2013-2025) marca época na Igreja, caracterizada por uma retomada do processo de renovação conciliar ou por uma nova fase no processo de recepção do Concílio Vaticano II. Depois da "primavera eclesial" que foi o Concílio e sua recepção inicial (primeira fase) e da grande "seca eclesial" (os europeus falam de "inverno eclesial") que se abateu sobre a Igreja com "a volta à Grande disciplina" (segunda fase), vivemos com Francisco sinais de uma "nova primavera eclesial" (terceira fase). Trata-se fundamentalmente de retomada e aprofundamento da reforma conciliar da Igreja, formulada em termos de renovação/conversão missionária ("saída para as periferias") e renovação/conversão sinodal ("caminhar juntos do povo de Deus"). Francisco chegou a se referir ao Concílio Vaticano II como "horizonte de nossas crenças e de nossos modos de falar e de agir" e como "nosso ecossistema eclesial e pastoral".

Não vamos analisar aqui os vários aspectos do ministério pastoral de Francisco e das reformas eclesiais por ele retomadas e/ou desencadeadas. Tampouco vamos abordar as tensões e os conflitos em torno dessas reformas. Sobre isso há muitas publicações. Queremos simplesmente destacar o impacto e a novidade de seu ministério pastoral. Independentemente da avaliação (positiva ou negativa) que se faça, não há como negar seu impacto. Francisco marca uma nova era na vida da Igreja, retomando e/ou iniciando processos, abrindo caminhos, construindo agendas, indicando rumos... E isso se sentiu como muita força e intensidade durante seu funeral e na eleição do novo Papa.

Chama atenção, antes de tudo, seu *impacto ético-espiritual* num mundo marcado por profundas desigualdades sociais, por conflitos e guerras produzidos e/ou manipulados por interesses econômicos e geopolíticos, por uma crise socioambiental que põe em risco a própria vida no planeta, por uma cultura de descarte, intolerância e violência que acabam produzindo uma crise de sentido e rumo na vida humana. Francisco impactou amplos setores da Igreja Católica, das igrejas cristãs, de diversas religiões do conjunto da sociedade. Aparece como referência e liderança de grande impacto. A tal ponto que – para além do fato de ser um Chefe de Estado, com as diplomacias que isso produz no mundo político – líderes de extrema direita que o criticaram abertamente sejam levados, por oportunismo político, a "reconhecer" sua importância ético-espiritual. Basta recordar aqui do presidente da Argentina que o chamou de "enviado do diabo na terra", afirmando ser um Papa que "promove o comunismo e uma agenda política globalista que empobrece os povos" e, durante seu funeral, "elogiou" sua "bondade e sabedoria" e se referiu a ele como o "maior argentino da história". Mas, para além dessas diplomacias e hipocrisias do mundo político, que também acontece no mundo eclesial e, sobretudo, eclesiástico, Francisco foi reconhecido e aclamado como um homem/bispo de Deus, uma pessoa santa, um fiel seguidor de Jesus Cristo e de seu Evangelho, um bom pastor... Mesmo pessoas não crentes ou sem vínculo religioso reconhecem nele um excesso de humanidade que restaura e eleva nossa humanidade e nosso mundo corrompidos e enfermos...

Na homilia da missa exequial, o cardeal Giovanni Battista Re chama atenção para esse impacto: "a manifestação popular de afeto e adesão, a que todos assistimos, mostram-nos quanto o intenso pontificado do Papa Francisco tocou mentes e corações". E o cardeal Walter Kasper chega a afirmar numa entrevista que "o povo de Deus 'votou com os pés' quando veio aqui em tão grande número para o funeral" – expressão usada na Alemanha e no mundo anglo-saxão para manifestar opinião por meio de movimentos. Se levarmos a sério a ação do Espírito no mundo e, de modo particular, a unção batismal, com o "senso da fé" que ela confere a todos os batizados e a "corresponsabilidade" na vida e missão da Igreja que ela implica, devemos ver na manifestação do povo de Deus mais que mera opinião ou gosto pessoal. Trata-se de uma expressão simples e espontânea do "sensus fidei", de exercício da sinodalidade eclesial ou de participação no discernimento eclesial, como bem indica a Exortação Apostólica *A alegria do Evangelho*: "Como parte do seu mistério de amor pela humanidade, Deus dota a totalidade dos fiéis com um *instinto da fé* – o *sensus fidei* – que os ajuda a discernir o que vem realmente de Deus. A presença do Espírito confere aos cristãos certa conaturalidade com as realidades divinas e uma sabedoria que lhes permite captá-las intuitivamente, embora não possuam os meios adequados para expressá-las com precisão". E esse é o sentido teologal-espiritual mais profundo e decisivo da afirmação do cardeal Walter Kasper: "o povo de Deus já votou nos funerais e pediu continuidade com Francisco".

Chama atenção também seu impacto no *processo de discernimento e eleição do novo Papa*. Não obstante as tensões e divisões, foi se criando certo consenso entre os cardeais em torno da importância e continuidade dos processos e reformas desencadeados por Francisco. E isso foi decisivo na escolha do novo Papa. Os cardeais poderiam escolher alguém mais distante e crítico de Francisco, indicando uma clara mudança de rumo na Igreja e, com isso, o fim da "era Francisco". Felizmente não foi esse o caminho tomado. Pelo contrário. É muito significativo, aqui, ver o "perfil" do novo Papa traçado na última Congregação Geral, nas vésperas do Conclave. Aí se ressalta "a importância de virtudes como o pastoreio, a construção de pontes e o compromisso com a reforma da Igreja iniciada por Francisco". Dentre os temas abordados, destacam-se "as leis contra os abusos, questões econômicas, a renovação da Cúria Romana, a sinodalidade, o compromisso com a paz e cuidado com a criação" – temas muito caros a Francisco. Refletiu-se com particular ênfase a missão do Papa como "Pontífice" ou "construtor de pontes" e que seja também "pastor, mestre de humanidade e rosto de uma Igreja samaritana". Enfim, "diante de um cenário mundial marcado por guerras, polarizações e violências, emergiu o apelo por um Papa da misericórdia, da escuta sinodal e da esperança". E foi lido "um apelo às partes envolvidas em diversos conflitos armados, conclamando a um cessar-fogo permanente e ao início de negociações em prol de uma paz justa e duradoura". Difícil negar ou ofuscar a presença e o impacto de Francisco nesse processo de discernimento e escolha do novo Papa.

É muito significativa nesse sentido a eleição do Cardeal Robert Francis Prevost. Não só por ser um cardeal nomeado por Francisco e com uma função importante e estratégica na Cúria romana, mas, sobretudo, por sua sintonia e comunhão eclesiológico-pastoral: missionário na América Latina, sintonizado com o Concílio Vaticano II e sua recepção latino-americana, simples e sensível aos pobres e marginalizados, colaborador fiel de Francisco nas reformas implementadas ou iniciadas. Vale a pena ver a entrevista que ele concedeu ao *Vatican News* por ocasião da morte de Francisco, reproduzida depois de sua eleição no Conclave. Dentre as coisas que falou, três são particularmente relevantes: 1) Destaca o caráter evangélico de sua vida e ministério: "em sua bela humanidade, queria viver o Evangelho e transmitir o Evangelho"; 2) Ele "transmitiu a todos nós esse espírito de querer continuar o que começou com o Concílio Vaticano II, a necessidade de sempre reformar a Igreja", mas "ainda há muito a ser feito, devemos continuar [...] não podemos parar, não podemos voltar atrás"; 3) Dentre seus ensinamento, devemos valorizar acima de tudo "o amor pelos pobres", insistindo em "uma Igreja pobre, que caminhe com os pobres, que sirva aos pobres" e recordando que "a mensagem do Evangelho pode ser compreendida muito melhor a partir da experiência dos pobres, dos que nada têm". Fidelidade ao

Evangelho, Concílio Vaticano II, amor e serviço aos pobres estão no coração da reforma eclesial desencadeada por Francisco. A sintonia do novo Papa com Francisco está, portanto, muito além de relação funcional-curial.

Tudo isso mostra como Francisco marcou época na vida da Igreja: seja no que se refere ao dinamismo interno da Igreja (sinodalidade); seja no que se refere à sua missão no mundo (saída para as periferias). Seu impacto ético-espiritual na sociedade e seu impacto pastoral no processo de discernimento e eleição do novo Papa, não obstante as tensões e oposições, expressam, de modos diversos, a força do que chamamos aqui de "era Francisco". Mais que um tempo cronológico (doze anos de ministério pastoral), trata-se de uma nova fase ou etapa na vida da Igreja (época eclesial). Nisso convergem as manifestações do povo de Deus e o resultado do Conclave. Como afirma o padre Oscar Beozzo, "os cardeais foram impactados pela reação do povo na morte de Francisco [...]. O povo veio maciçamente, como que dizendo: estamos votando para que siga nessa linha. Teve, assim, um impacto popular, que pesou dentro do conclave". E a eleição do cardeal Prevost, Leão XIV, expressa e confirma de modo emblemático o impacto e a força da "era Francisco" que não se encerra com sua morte.

Seguimos adiante com Leão XIV

Seria muito precipitado fazer análises e afirmações mais contundentes do novo Papa e dos rumos dos processos eclesiais desencadeados com Francisco. É preciso esperar e ver como ele vai agindo e conduzindo esses processos. Mas é preciso também ter bem claro que não temos "outro Francisco". Temos Leão XIV. Não há repetição ou cópia. Por mais convergência e sintonia que haja ou possa haver entre eles, "cada um é cada um" – com sua história, com sua mentalidade, com sua personalidade, com sua sensibilidade, com suas prioridades, com sua forma de agir, com seu contexto social e eclesial etc. Sem falar que a vida humana é dinâmica e que as pessoas mudam. "Leão XIV" não será sem mais o cardeal "Prevost". Os contextos e situações socioeclesiais e o exercício do ministério de Bispo de Roma podem levar a mudanças significativas na forma de pensar e agir. Quem imaginaria em 2013 que o cardeal "Bergoglio" chegasse aonde chegou o Papa "Francisco"? Devemos ser cautelosos nas comparações e nos prognósticos.

Mas isso não significa que não possamos dizer nada sobre ele, sobre os rumos de seu ministério pastoral e sobre os desdobramentos da "era Francisco" em "tempos de Leão XIV". Por mais que as pessoas possam mudar e que possa haver rupturas mais profundas na vida de uma pessoa, isso não surge do nada nem se dá independentemente de sua história de vida. Nesse sentido, é muito importante considerar a pessoa de Robert Francis Prevost, sua vida como religioso e como superior-geral dos agostinianos por dois mandatos consecutivos, sua atuação como missionário presbítero e bispo no Peru, sua proximidade de Francisco que o nomeou bispo, prefeito do dicastério dos bispos e cardeal em tão pouco tempo, bem como suas perspectivas eclesiológicas, particularmente no que se refere ao Concílio Vaticano II. E é muito importante considerar os primeiros sinais e discursos depois de sua eleição, embora seu estilo mais discreto e comedido exija ainda mais cautela nas análises, nas conclusões e, sobretudo, nos rótulos.

Pensando nas perspectivas eclesiológicas, queremos destacar em seus primeiros discursos sinais e indicativos de continuidade da "era Francisco" em "tempos de Leão XIV". Isso aparece não apenas nas muitas referências a Francisco, mas, sobretudo, nos temas abordados e nos rumos pastorais que vai delineando e pouco a pouco consolidando. Uma análise atenta desses primeiros discursos revela tanto uma sintonia profunda com o magistério de Francisco quanto algumas peculiaridades de Leão XIV: preocupações sociais e pastorais, forma de abordar os problemas, linguagem etc. Há continuidade e há deslocamentos. Há unidade de rumo e diferença de estilo e linguagem.

a) Isso já aparece claramente em sua *primeira mensagem*, pouco depois de sua eleição (8 de maio). A saudação de "paz" dirigida a "todas as pessoas" parece indicar a tônica de seu magistério social: "Uma paz desarmada e uma paz que desarma, que é humilde e perseverante. Que vem de Deus, do Deus que nos ama a todos incondicionalmente". Recorda com carinho "aquela voz fraca, mas sempre corajosa, do Papa Francisco que [...] abençoava Roma e dava a sua bênção ao mundo inteiro", pondo-se em "prosseguimento àquela mesma bênção: Deus nos ama, Deus vos ama e o mal não prevalecerá". Convida todos a seguir em frente e a ajudá-lo e ajudarem-se uns aos outros a "construir pontes, com o diálogo, o encontro, unindo-nos todos para sermos um só povo sempre em paz". Agradece a Francisco. Agradece aos cardeais que o escolheram para caminhar com todos, "como Igreja unida, procurando sempre a paz, a justiça, esforçando-se sempre por trabalhar como homens e mulheres fiéis a Jesus Cristo, sem medo, para anunciar o Evangelho, para ser missionários". Retoma uma expressão clássica de Agostinho acerca do ministério episcopal: "Convosco sou cristão e para vós sou bispo". Envia uma saudação especial à Igreja de Roma: "Devemos procurar juntos o modo de ser uma Igreja missionária, uma Igreja que constrói pontes, que constrói o diálogo, sempre aberta para acolher a todos, como esta Praça, de braços abertos, a todos aqueles que precisam da nossa caridade, da nossa presença, de diálogo e de amor". Envia também uma saudação especial (em espanhol!) à sua querida diocese de Chiclayo no Peru. E conclui com uma mensagem dirigida a todas as pessoas que bem pode ser tomada como uma primeira síntese programática de seu magistério: "queremos ser uma Igreja sinodal, uma Igreja que caminha, uma Igreja que procura sempre a paz, que procura sempre a caridade, que procura sempre estar próxima, sobretudo dos que sofrem".

b) Aparece de modo mais elaborado e programático na *audiência com os membros do colégio cardinalício* (10 de maio). Esse encontro começa com uma "pequena reflexão" e segue com uma "partilha" para ouvir "conselhos, sugestões, propostas, coisas muito concretas" dos cardeais. Dois pontos são particularmente relevantes em sua reflexão. Em primeiro lugar, o apelo a todos os cardeais a renovarem juntos a "plena adesão a este caminho, que a Igreja universal percorre há décadas na esteira do Concílio Vaticano II". Afirma que Francisco "recordou e atualizou magistralmente os seus conteúdos" na *Evangelii gaudium*, da qual destaca alguns pontos fundamentais: "o regresso ao primado de Cristo no anúncio"; "a conversão missionária de toda a comunidade cristã"; "o crescimento na colegialidade e na sinodalidade"; "a atenção ao *sensus fidei*, especialmente nas suas formas mais próprias e inclusivas, como a piedade popular"; "o cuidado amoroso com os marginalizados e os excluídos"; "o diálogo corajoso e confiante com o mundo contemporâneo nas suas várias componentes e realidades". Em segundo lugar, fala da escolha do nome Leão XIV, cuja razão principal é a referência ao Papa Leão XIII que, "com a histórica Encíclica *Rerum novarum*, abordou a questão social no contexto da primeira grande revolução industrial". O nome expressa o desafio de a Igreja "responder a outra revolução industrial e aos desenvolvimentos da inteligência artificial, que trazem novos desafios para a defesa da dignidade humana, da justiça e do trabalho". Ele conclui a reflexão fazendo seu o desejo de Paulo VI ao iniciar seu ministério: "Passe pelo mundo inteiro, como uma grande chama de fé e de amor que inflame todos os homens de boa vontade, ilumine os caminhos da colaboração recíproca e atraia sobre a humanidade, agora e sempre, a abundância das divinas complacências, a própria força de Deus, sem a ajuda de quem nada é válido, nada é santo".

c) O *discurso aos agentes da comunicação* (12 de maio) está centrado no tema da paz. Partindo da bem-aventurança "felizes os pacificadores" (Mt 5,9), apela ao compromisso com uma comunicação que "não procura o consenso a qualquer custo, que não se reveste de palavras agressivas, que não adere ao modelo da competição, que nunca separa a busca da verdade do amor com que humildemente a devemos procurar". Recorda que "a paz começa em cada um de nós: na forma como olhamos para os outros, ouvimos os outros, falamos dos outros" – "temos de dizer 'não' à guerra das palavras e das imagens, temos de rejeitar o paradigma da guerra". Reitera a "solidariedade da Igreja para com os jornalistas presos por terem procurado relatar a verdade" e pede sua libertação. Reconhece que "vivemos tempos difíceis de atravessar e narrar, que representam um desafio para todos nós, do qual não devemos fugir". Insiste no desafio de "promover uma comunicação capaz de nos fazer sair da 'torre de Babel' em que, por vezes, nos encontramos, sair da confusão de linguagens sem amor, muitas vezes ideológicas ou sectárias". Destaca a importância das "palavras" e dos "estilos" na comunicação que não consiste apenas na "transmissão de informações", mas na "criação de uma cultura, de ambientes humanos e digitais que se tornam espaços de diálogo e de confronto de ideias". Isso é ainda mais necessário no contexto da "evolução tecnológica" e da "inteligência artificial". E conclui apelando com Francisco para que "desarmemos a comunicação de todos os preconceitos, rancores, fanatismos e ódios; limpemo-la da agressividade. Não precisamos de uma comunicação beligerante e musculosa, mas sim de uma comunicação capaz de escutar, de recolher a voz dos fracos que não têm voz. Desarmemos as palavras e ajudaremos a desarmar a Terra. Uma comunicação desarmada e desarmante permite-nos partilhar uma visão diferente do mundo e agir de forma coerente com a nossa dignidade humana".

d) O *discurso aos membros do corpo diplomático* (16 de maio) aborda aspectos importantes da missão da Igreja no mundo. Fala da diplomacia pontifícia como "expressão da própria catolicidade da Igreja" e de sua "missão evangélica ao serviço da humanidade". Recorda o trabalho incansável de Francisco, "sempre atento ao grito dos pobres, dos necessitados e dos marginalizados, bem como aos desafios que marcam o nosso tempo, desde à salvaguarda da criação à inteligência artificial". E centra a reflexão em três palavras-chave que "constituem os pilares da ação missionária da Igreja e trabalho da diplomacia da Santa Sé": 1) a *paz* que não é "mera ausência de guerra e de conflito", mas um "dom ativo e envolvente, que diz respeito e compromete cada um de nós"; ela se constrói "no coração e a partir do coração, erradicando o orgulho e as pretensões e medindo a linguagem"; as religiões têm uma contribuição fundamental para "promover contextos de paz"; para "erradicar as premissas de [um] conflito ou a vontade destrutiva de conquista" é necessário "abertura sincera ao diálogo" e "vontade de deixar de produzir instrumentos de destruição e morte"; 2) a *justiça* que é condição para a paz: "a busca da paz exige a prática da justiça"; temos que enfrentar as "desigualdades globais que veem a opulência e a indigência traçar sulcos profundos entre continentes, países e mesmo no interior de cada sociedade"; para construir sociedades "harmoniosas e pacíficas" é necessário investir na "família" e proteger a "dignidade de cada pessoa, especialmente das mais frágeis e indefesas"; 3) a *verdade*, sem a qual "não é possível construir relações realmente pacíficas" e sobre a qual a Igreja "nunca pode se furtar", recorrendo, quando necessário, "a uma linguagem franca, que pode provocar alguma incompreensão inicial"; sem esquecer jamais que "a verdade nunca pode estar separada da caridade, que tem sempre a preocupação pela vida e pelo bem de cada homem e mulher".

e) O *discurso aos membros da Fundação Centesimus Annus* (17 de maio) é muito significativo tem termos de magistério social. Referindo-se ao tema da assembleia, "Superar as polarizações e reconstruir a governança global: fundamentos éticos", diz que vai ao "coração do significado e do papel da Doutrina Social da Igreja, instrumento de paz e diálogo para construir pontes de fraternidade universal". Recorda o empenho de Leão XIII, "estimulando o diálogo social, entre o capital e o trabalho, entre as tecnologias e a inteligência humana, entre as diferentes culturas políticas, entre as nações". Fala com Francisco de uma "policrise", evocando a "dramaturgia da conjuntura histórica que estamos vivendo, na qual convergem guerras, mudanças climáticas, crescentes desigualdades, migrações forçadas e contrastadas, pobreza estigmatizada, inovações tecnológicas disruptivas, precariedade do trabalho e dos direitos". Diz que a Doutrina Social da Igreja é chamada a "fornecer chaves interpretativas que coloquem em diálogo a ciência e a consciência, dando assim uma contribuição fundamental ao conhecimento, à esperança e à paz". Distingue a *doutrina*, "como reflexão séria, serena e rigorosa", do *doutrinamento* que é "imoral" porque "impede o julgamento crítico, atenta à sagrada liberdade do respeito pela própria consciência – mesmo que errada – e se fecha a novas reflexões". Num contexto de "pouco diálogo", onde "prevalecem as palavras gritadas, não raro as *fake news* e as teses irracionais de poucos prepotentes", diz ser fundamentais "o aprofundamento e o estudo", assim como "o encontro e a escuta dos pobres". Reafirma o dever da Igreja de "perscrutar os sinais dos tempos e interpretá-lo à luz do Evangelho" e convida todos a "participar crítica e criativamente nesse exercício de discernimento, contribuindo para desenvolver a Doutrina Social da Igreja com o povo de Deus, nesse período histórico de grandes mudanças sociais, ouvindo e dialogando com todos".

f) Por fim, a *homilia na celebração que marca o início de seu ministério pastoral* (18 de maio) explicita bem suas grandes preocupações pastorais. Fala do Bispo de Roma como "um pastor capaz de guardar o rico patrimônio da fé cristã e, ao mesmo tempo, de olhar para longe, para ir ao encontro das interrogações, das inquietações e dos desafios de hoje". Apresenta-se como "*um irmão* que deseja fazer-se servo da vossa fé e da vossa alegria, percorrendo convosco o caminho do amor de Deus, que nos quer a todos unidos numa única família". Destaca duas dimensões da missão confiada a Pedro por Jesus: "amor e unidade". Expressa seu grande desejo de "uma Igreja unida, sinal de unidade e comunhão, que se torne fermento para um mundo reconciliado". Chama atenção para os grandes desafios de nosso tempo: "ainda vemos demasiada discórdia, demasiadas feridas causadas pelo ódio, a violência, os preconceitos, o medo do diferente, por um paradigma econômico que explora os recursos da Terra e marginaliza os mais pobres". Exorta a sermos nesse contexto "um pequeno fermento de unidade, de comunhão, de fraternidade", apresentando ao mundo Jesus Cristo e "sua proposta de amor para se tornarem a sua única família". Insiste que "este é o caminho a percorrer juntos – entre nós, mas também com as Igrejas cristãs irmãs, com aqueles que percorrem outros caminhos religiosos, com quem cultivam a inquietação da busca de Deus, com todas as mulheres e todos os homens de boa vontade – para construir um mundo novo onde reine a paz". E que este é o "espírito missionário que deve animar-nos", pois "somos chamados a oferecer a todos o amor de Deus, para que se realize aquela unidade que não anula as diferenças, mas valoriza a história pessoal de cada um e a cultura social e religiosa de cada povo". E conclui com um apelo que tem caráter programático: "Com a luz e a força do Espírito Santo, construamos uma Igreja fundada no amor de Deus e sinal de unidade, uma Igreja missionária, que abre os braços ao mundo, que anuncia a Palavra, que se deixa inquietar pela história e que se torna fermento de concórdia para a humanidade".

Considerações finais

A "semana inaugural" do ministério pastoral de Leão XIV como Bispo de Roma apresenta sinais importantes de continuidade da "era Francisco" em "tempos de Leão XIV". Isso aparece nas muitas e repetidas referências a Francisco ao longo da semana e, de modo muito emblemático, na oração "Rainha do Céu", no final da eucaristia que marca o início de seu ministério pastoral: "Durante a Missa senti fortemente a presença espiritual do Papa Francisco que nos acompanha desde o Céu". Mas aparece de modo ainda mais profundo e consistente em suas reflexões ao longo destes primeiros dias.

Alguns pontos são particularmente relevantes nesse sentido:

1) plena adesão ao caminho traçado pelo Concílio Vaticano II e magistralmente atualizado por Francisco na *Evangelii gaudium*;
2) construção da paz num mundo de intolerância, violência e guerras, o que implica colaboração de cada pessoa, "comunicação desarmada e desarmante", prática da justiça, desarmamento, diálogo inter-religioso, "cultura do encontro" etc.;
3) promoção de diálogo e encontro para construção de pontes entre pessoas, grupos e povos;
4) discernimento dos "sinais dos tempos", o que implica atenção ao "grito dos pobres, dos necessitados e dos marginalizados, bem como aos desafios que marcam o nosso tempo, desde à salvaguarda da criação à inteligência artificial".

Tudo isso sintoniza e atualiza o empenho de Francisco por uma Igreja sinodal (caminhar juntos do povo de Deus na diversidade de seus carisma e ministérios), missionária (saída para as periferias, discernimento dos sinais dos tempos).

Conforme indicamos desde o início, precisamos de tempo para ver como vai se configurando seu ministério pastoral. Mas há sinais fortes e promissores de que a "era Francisco" não acaba com sua morte, como alguns gostariam, mas continua em "tempos de Leão XIV" – com diferenças de enfoque, estilo, linguagem, ou mesmo de caminhos, mas na mesma direção fundamental. O Espírito do Senhor continua agindo na Igreja e no mundo, mesmo quando não percebemos, onde e da forma que menos esperamos. Francisco continua muito presente entre nós e, do céu, intercede por nossa Igreja para que seja sinal e fermento de fraternidade, justiça, paz e cuidado da criação.

Seguimos juntos com Leão XIV, querendo e buscando ser "uma Igreja sinodal, uma Igreja que caminha, uma Igreja que procura sempre a paz, que procura sempre a caridade, que procura sempre estar próxima, sobretudo dos que sofrem".

AUTORES E AUTORAS

Agenor Brighenti
Doutor em Teologia pela Universidade Católica de Louvain, Assessor de grupos e entidades eclesiais, bem como do Sínodo sobre Sinodalidade.

Augusto Rinaldi
Doutor em Ciência Política pela USP e Professor de Relações Internacionais na PUC-SP.

Claudio de Oliveira Ribeiro
Doutor em Teologia pela PUC-Rio e Professor de Ciências da Religião na UFJF.

Dario Bossi
Bacharel em Teologia pelo Instituto São Paulo de Estudos Superiores e Assessor da Comissão Sociotransformadora da CNBB.

Eduardo Brasileiro
Doutorando e Mestre em Ciências Sociais pelo Programa de Pós-Graduação em Ciências Sociais da PUC-Minas e Pesquisador do Laboratório de Extensão, Práticas, Pesquisas, Publicações Acadêmicas e Internacionalização da PUC-Minas.

Fernando Altemeyer
Doutor em Ciências Sociais pela PUC-SP e Professor de Teologia na mesma Universidade.

Francisco de Aquino Júnior
Doutor em Teologia pela Universidade de Münster e Professor da Unicap e da Faculdade Católica de Fortaleza.

João Décio Passos
Livre-Docente em Teologia pela PUC-SP, Professor no Programa de Pós-Graduação em Ciência da Religião da mesma Universidade e Editor de Paulinas Editora.

Joaquim Giovani Mol Guimarães
Bispo Coadjutor da Diocese de Santos.

Leomar Nascimento de Jesus
Doutor em Ciência da Religião pela PUC-SP.

Luiz Augusto de Mattos
Doutor em Teologia Moral pela Pontifícia Faculdade N. S. da Assunção e em Educação pela USF.

Luiz Marques
Doutor em História da Arte pela Universidade de Paris e Professor Aposentado da Unicamp.

Maria Clara Bingemer
Doutora em Teologia pela PUG e Professora Titular da PUC-Rio.

Moema Miranda
Doutoranda em Filosofia pela PUC-Rio e Professora no Instituto Teológico Franciscano de Petrópolis.

Reginaldo Nasser
Doutor em Ciências Sociais pela PUC-SP e Professor Livre-Docente no Programa de Pós-Graduação de Relações Internacionais da mesma Universidade.

Ricardo Hida
Doutorando em Ciência da Religião pela PUC-SP e Radialista.

Rosana Manzini
Mestra em Teologia pela PUC-SP e Coordenadora dos Créditos Teológicos da mesma Universidade.

Tiago Cosmo da Silva Dias
Doutor em Teologia pela PUC-SP e Professor no Instituto de Teologia de São Miguel.

Robert Francis Prevost (à esquerda) quando criança, com sua mãe, Midred Prevost, e os irmãos, John e Louis, diante da Catedral do Santo Nome, em Chicago (EUA).

Robert Prevost com os irmãos, Louis e John.

Michigan High School.

Foto do anuário da faculdade.

Robert Prevost entrou para a vida religiosa aos 22 anos.

Casa da família Prevost, em Chicago (EUA).

Universidade Villanova, Pensilvânia, onde Robert Prevost obteve o título de bacharel em Matemática em 1977.

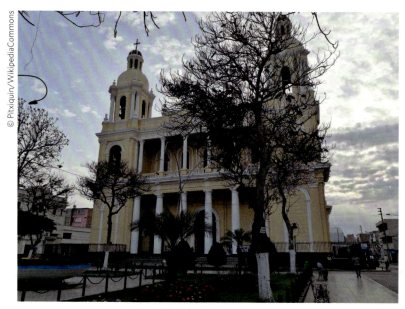

Catedral de Chiclayo (Peru).

Robert Prevost trabalhou no Peru de 1985 a 1986 e de 1988 a 1998 como pároco, professor de seminário e administrador.

"Minha vocação "nasceu na paróquia, vendo o compromisso de meus pais e dos padres que conhecia desde criança."

No distrito de Moche, no Peru, Robert Prevost ia com frequência à casa da família Roldán Chávez, localizada na extensão Gonzales Prada, no setor El Palmo.

Robet Prevost pregou no Peru por quase quarenta anos, criando um vínculo profundo com aquela nação.

Robert Prevost ajudou as vítimas da enchente de 2023 no Peru.

Dom Robert Prevost fala aos presentes em um evento patrocinado pela Cáritas Chiclayo.

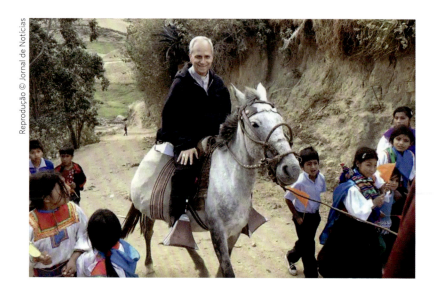

Sempre presente e atuante, visitou as comunidades mais afastadas e os lugares mais inóspitos.

Robert Prevost em evento agostiniano, em Iloilo, Filipinas, em fevereiro de 2002.

Visita do Cardeal Robert Prevost para a bênção solene na Paróquia São Nino de Cebu, em Mohon, Filipinas, em 31 de janeiro de 2004.

Como Superior Geral da Ordem dos Agostinianos, reunido com outros padres agostinianos na Igreja de Santa Rita, em Chapalita, Guadalajara (México).

Na Catedral da Sé, para a beatificação de Pe. Mariano de La Mata Aparício, em 5 de novembro de 2006.

Recém-ordenado, Robert Prevost cumprimenta o Papa João Paulo II, em 1982.

Com o Papa Bento XVI.

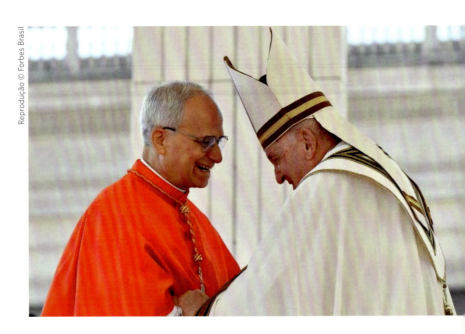

Robert Prevost teve uma relação de respeito e admiração pelo Papa Francisco.

Papa Francisco eleva Robert Francis Prevost a cardeal durante o consistório em 30 de setembro de 2023, na Praça de São Pedro, no Vaticano.

Os cardeais reunidos no Conclave após a escolha do Cardeal Robert Prevost como Papa.

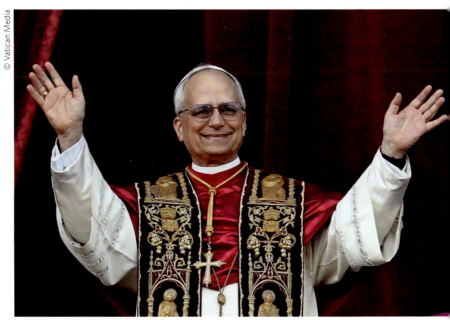
Primeiro aceno à multidão, logo após ser apresentado como o novo Papa Leão XIV.